Magnus Striet

Für eine Kirche der Freiheit

Magnus Striet

Für eine Kirche der Freiheit

Den Synodalen Weg konsequent weitergehen

HERDER

FREIBURG · BASEL · WIEN

© Verlag Herder GmbH, Freiburg im Breisgau 2022
Alle Rechte vorbehalten
www.herder.de
Umschlaggestaltung: Verlag Herder
Satz: SatzWeise, Bad Wünnenberg
Herstellung: GGP Media GmbH, Pößneck
Printed in Germany
ISBN Print 978-3-451-39517-8
ISBN E-Book (PDF) 978-3-451-82924-6
ISBN E-Book (E-Pub) 978-3-451-82928-4

Inhalt

Inhalt

Inhalt

Vorwort

Freiheit ist heute die Aufgabe und Chance der Kirche.
Hermann Krings

Schon lange hat die historische Wissenschaft Abstand davon genommen, Geschichte als die Geschichte großer Menschen (oder gar großer Männer) zu schreiben. Die tatsächlichen Prozesse sind viel komplexer. Ein Martin Luther King, der bis heute als die Gallionsfigur des *Civil Rights Movement* in den 50er und 60er Jahren in den USA gilt, konnte dies zwar nur werden, weil er unerschrocken die ‚Rassentrennung‘ in den Südstaaten als das beim Namen nannte, was es war: ein Unrecht. Aber die Zeit war auch reif für ihn. Andernfalls hätte er nicht diese Wirksamkeit entfalten können, die er faktisch entfaltet hat.

Gleiches gilt für den Augustinermönch Martin Luther. Auch ihn zeichnete eine Unerschrockenheit aus, nachdem er, zunächst existenziell umhergetrieben von Höllenangst, die ihm kirchlich eingeimpft worden war, sich auch noch mit einer korrupten Kirche konfrontiert sah, die diese Höllenangst für sich nutzte. Ob er wirklich auf dem Wormser Reichstag das *Hier stehe ich und kann nicht anders* gesagt hat, ist bis heute umstritten. Seine Grundhaltung angesichts des sich immer deutlicher abzeichnenden, auf eine Eskalation hinauslaufenden Konflikts kann aber auch so nachgewiesen werden. Die Wirksamkeit dieses Ausspruchs auch noch jenseits kirchlicher Prozesse kann überhaupt nicht hoch genug veranschlagt werden. Hier steht jemand, der ‚ich‘ sagt, ‚sich‘ meint und damit auch ein unter Umständen hohes persönliches Risiko eingeht.

9

Wenn Hannah Arendt in den 60er Jahren des letzten Jahrhunderts formulieren wird *Kein Mensch hat das Recht zu gehorchen*, so liegt dies Denken ganz auf dieser Linie. Gehorchen darf ich nur mir, meinem Gewissen – und damit den Gründen, die ich für belastbar halte. Dies gilt für religiöse und für sich gegenüber letzten Fragen agnostisch verhaltende Menschen, wenn sie sich zu dem aufschwingen wollen, was Menschen möglich ist – Menschen zu werden, die sich selbst moralisch belasten und deshalb auch ethische Verantwortung übernehmen können. Auch Martin Luther und Hannah Arendt wären längst in Vergessenheit geraten, sie wären nicht mentalitätsbildend wirksam geworden, wenn die Zeit nicht reif für sie gewesen wäre. Und dennoch brauchte es diese Menschen.

Dieses schmale Buch ist im Juli 2022 entstanden. Nicht allgemeine Fragen von Freiheit und Ethik stehen in seinem Zentrum, sondern die Zerreißprobe, in der sich die katholische Kirche zumindest in vielen Gesellschaften dieser Erde seit geraumer Zeit befindet. Gleichzeitig deutet sich ebenfalls seit geraumer Zeit an, dass der Katholizismus – mal sichtbarer, mal weniger sichtbar – in den Ortskirchen dabei ist, sich zu verändern und neu zu erfinden. Möglicherweise hat zunächst kein anderer Kontext solche Turbulenzen nach dem Zweiten Vatikanischen Konzil erlebt wie der lateinamerikanische Kontext. Klar gegen die Militärdiktaturen positioniert, die unzählige Menschenopfer forderten, baute sich eine Befreiungstheologie auf, die auf der Seite der ökonomisch Verarmten und de facto Rechtlosen stand. Hoffentlich unvergessen sind die Bilder, wie Johannes Paul II. Ernesto Cardenal bei seinem Besuch in Nicaragua im Jahr 1983 abkanzelte. Papst Franziskus hat Cardenal, der an der Seite der völlig Verarmten stand, im Jahr 2019 rehabilitiert. Die katholischen Ortskirchen hingegen in der ehemaligen durch die Sowjetunion beherrschten Ostblockzone haben ganz andere Prozesse durchschritten. Wer sich seine katholische Identität bewahrte, konnte sich als Widerstandsnest gegen eine menschenverachtende Besatzungsherrschaft stabilisieren und sich so seine innere Freiheit bewahren. Im Umbruch befinden sich auch diese Ortskirchen dennoch seit geraumer Zeit. Säkulare Luft gibt auch Raum zum Atmen – und sie muss nicht notwendig evangeliumsfern sein. Entscheidend ist, was als Kern des Evangeliums vom menschgewordenen Gott bestimmt und dann geglaubt wird. Wenn ich es recht sehe, findet in dieser Frage insgesamt ein Umbruch statt.

In Deutschland wird dieser Umbruch sichtbar am ‚Synodalen Weg'. Möglicherweise ist die Konstellation auch hier sehr spezifisch. Eines aber scheint mir deutlich zu sein: Die Zeit war längst reif dafür, endlich Klartext über die Missstände zu sprechen, über eine evangeliumsgemäßere und deshalb andere Kirche nachzudenken.

Die hier vorgelegten Überlegungen betrachten den ‚Synodalen Weg' in Deutschland auf einer Metaebene. Ob sich die größtenteils im Schnellschussformat über Feuilletons und soziale Medien abspielenden Auseinandersetzungen wirklich auf einer intellektuell-theologischen Ebene verstehen lassen, kann ich nicht abschließend beantworten. Dazu bedürfte es soziologischer und sozialpsychologischer Kompetenz. Manchmal beschleicht mich allerdings der Eindruck, dass es vor allem um den als bedrohlich empfundenen Verlust dessen geht, was angeblich immer schon so war – was jedoch bei näherem Hinsehen überhaupt nicht immer bereits so war. Extrem hellsichtig hat vor genau fünfzig Jahren Hermann Krings darauf hingewiesen, dass es in Zukunft „notwendig" sein werde, „sich darauf einzustellen, daß der Mensch mehr und mehr in instabilen

Systemen existieren" werde. Krings war Philosoph, praktizierender Katholik und jemand, der sich als intellektuell
beweglich gezeigt hat. Dabei wurde er zunächst intellektuell geprägt durch die mittelalterliche Scholastik, die an-
gehende katholische Theologen vorschriftsmäßig zu studieren und als ihre normative Aussteuer in ihre künftige
Praxis zu übernehmen hatten. Krings hatte freidenkerisch
erkannt, dass das Sich-Einlassen auf das in der Neuzeit und
der Moderne neu gefasste Selbstverständnis der Menschen
gerade nicht eine Gefahr, sondern eine Chance für die Kirche darstellt. Er blieb katholisch. Denn er mahnte, dass
„ein prinzipielles Mißtrauen gegenüber der Vernunft und
Freiheit" einen „Widerspruch gegenüber Tradition und
Lehre" darstelle. Allerdings war er bereits zutiefst skeptisch, was die Traditionsfähigkeit der katholischen Kirche
anging. Anstatt ihrer Tradition treu zu bleiben, sich pro-
duktiv-konstruktiv in die neuzeitliche Philosophie ein-
zubringen, die „im Grunde aus Kritik und Selbstkritik"
bestanden habe, habe man durch „unmittelbar-dogmati-
sche Berufung auf die Offenbarung sinnlosem Missbrauch
Vorschub geleistet."[1] Dem ist nichts hinzuzufügen, bis
heute nicht.

Die hier vorgelegten Überlegungen werden auf der
einen Seite analysierend vorgehen. Es werden Äußerungen
zum ‚Synodalen Weg' aus der jüngsten Vergangenheit un-
tersucht, um so den sich abspielenden Grundkonflikt möglichst scharf ins Auge zu bekommen. Gleichzeitig soll auf
der anderen Seite der Blick konstruktiv nach vorne ge-
öffnet werden. Völlig unabhängig davon, welche Beschlüsse auf dem ‚Synodalen Weg' die notwendigen Mehrheiten finden, ob sie innerhalb des von Papst Franziskus
ausgerufenen weltweiten Synodalen Prozesses und der an
diesen anschließenden Bischofssynode rezipiert werden

oder nicht, werden sich die Katholizismen in den Ortskirchen verändern. Hermann Krings hat die bedenkens-
werte Überzeugung vertreten, dass die „Angst vor der Freiheit" in der Kirche – gemeint ist die Leitungsebene – „auch
Angst vor der Einsicht in die mögliche Illegitimität der
eigenen Macht"[2] sei. Auch dem ist nichts hinzuzufügen.
Nur, dass fünfzig Jahre später bei unzähligen Menschen,
die sich gleichwohl als katholisch verstehen, das Gefühl,
eigentlich gehorsam sein zu müssen, verdunstet ist.

Wie Freiheit zu verstehen ist, bildet deshalb den systematisch entscheidenden Punkt in den Auseinandersetzungen. Ich verweise auf das zweite Kapitel dieser Überlegungen. Da Karl-Heinz Menke einer der profiliertesten Gegner
des ‚Synodalen Wegs' ist, er zudem seit geraumer Zeit mich
als Gegenposition zu seiner Position stilisiert, er darüber
hinaus in Medien präsent ist, die mich als den intellektuellen Ziehvater häretisch-schismatischer Tendenzen in diesem Prozess ausmachen, ergibt es möglicherweise Sinn,
die teils scharf geführte Kontroverse zwischen uns, wann
Freiheit tatsächlich Freiheit ist, zum Ausgangspunkt der
hier angestellten Überlegungen zu machen. Dabei hatte
ich eigentlich nach dem deutlichen Schlagabtausch mit
Karl-Heinz Menke vor einigen Jahren entschieden, die
Sache auf sich beruhen zu lassen. Schon damals ging es
zentral um das Thema Freiheit.[3] Worum auch sonst, könnte man fragen: Der Katholizismus, jedenfalls in den Regio-
nen, die kulturell nachhaltig durch den Aufklärungsaufruf
des 18. Jahrhunderts geprägt wurden, sich doch bitte seines eigenen Verstandes zu bedienen und sich aus selbstver-
schuldeter Unmündigkeit zu befreien, um so der Würde
der Freiheit ihren Ausdruck zu geben, erlebt seit dem
19. Jahrhundert immer wieder Turbulenzen, die von der
Frage ausgelöst werden, wie viel Freiheit sein darf. Grund-

sätzlicher noch geht es um die Frage, *was* überhaupt unter Freiheit verstanden werden soll und *unter welchen Voraussetzungen* Freiheit überhaupt Freiheit genannt werden darf und nicht in der Beliebigkeit endet.

Die Debatte noch einmal aufzunehmen, schien mir dann doch deshalb sinnvoll zu sein, weil Menke sich in den letzten Jahren eindeutig affirmativ zu Joseph Ratzinger/Benedikt XVI. verhält, hinter dem sich wiederum die auf dem ‚Synodalen Weg‘ versammeln, die die dort verhandelten Reformvorschläge für eine Zeitgeistanpassung und letztlich für einen Abfall von dem Glauben halten, der von Christus gestiftet wurde. Ich halte an einem anderen Verständnis von Freiheit fest. Die Konsequenzen aus diesem Verständnis finden sich im Epilog. Dort geht es endgültig um eine Kirche der Zukunft – und ein Verständnis dessen, was Sakramentalität genannt werden soll. Die dazwischen geschalteten Kapitel fragen, wie überhaupt theologisches Nachdenken funktioniert und ob nicht ganz andere als die bisher vorhandenen Strukturen der Entscheidungsfindung in der katholischen Kirche deren Auftrag, das Evangelium vom menschenfreundlichen Gott in der Welt von heute und morgen lebendig zu halten, viel dienlicher sein könnten. Wenn im Folgenden vereinfachend von Kirche gesprochen wird, so ist immer die katholische Kirche gemeint. Das erste Kapitel versucht eine vertiefende Standortbestimmung.

Ich danke dem Verlag Herder und vor allem Herrn Dr. Stephan Weber sehr dafür, dass ich dieses Büchlein so schnell realisieren konnte, nachdem ich mich erst Anfang Juli zu ihm entschieden hatte. Im Übrigen kann eine aufgezwungene Unterbrechung in den Arbeitsplanungen auch produktiv sein. Irgendwelchen Sinnmutmaßungen in solchen Fällen zu folgen, bin ich dennoch nicht bereit. Auch wenn der Theologe nicht abschließend sagen wird, wir seien nur *Launen der Natur*, so wird er oder doch jedenfalls ich nicht mit einem Vorsehungsglauben um die Ecke kommen. In der Moderne angekommen, sollten auch Christ:innen[4] ernüchtert sein in ihrem allzu naiven Gottvertrauen. Abgewöhnen müssen sie sich ein solches Vertrauen dennoch nicht. Auch dazu mehr im Epilog.

Freiburg, im Juli 2022 *Magnus Striet*

I. Beobachtungen zur Situation in Deutschland – und ein Schreiben aus Rom

Der im Vorwort erwähnte Disput zwischen Menke und mir fand statt, bevor der Missbrauchsskandal die katholische Kirche in Deutschland vollends erfasste. Die Veröffentlichung der MHG-Studie zum sexuellen Missbrauch in der katholischen Kirche von 1945 bis 2015 durch Kleriker im Jahr 2018 bildete eine Zäsur in der Geschichte des deutschen Katholizismus. Als Reaktion darauf wurde durch den damaligen Vorsitzenden der Deutschen Bischofskonferenz Reinhard Kardinal Marx ein ‚Synodaler Weg‘ ausgerufen. Ein kirchenrechtlich betrachtet zweifelhaftes Instrument, weil nicht vorgesehen, aber immerhin. Selbst hochrangige Kirchenverantwortliche wie Kardinal Marx hatten eingesehen, dass es so nicht weitergehen könne. Empathielos geblieben war man seitens der Kirchleitung gegenüber den Opfern sexuellen Missbrauchs. Nicht die Betroffenen hatten interessiert, vielmehr wurde ein perfider Täter- und Systemschutz betrieben. Während man nach außen, in die Gesellschaft hinein den Moralapostel gab, entzog man die „Brüder im Nebel" (Joachim Kardinal Meisner) der staatlichen Justiz. Selbst kirchenrechtlich zu ergreifende Maßnahmen wurden geflissentlich ignoriert – und zwar über Jahrzehnte, wenn man auch nur den Zeitraum ab 1945 berücksichtigt.[5] Völlig zu Recht hat Christiane Florin deshalb die Kirche einen „Verantwortungsverdunstungsbetrieb" genannt, wenn Priester, die zuvor mit der Aura des Heiligen ausgestattet worden waren, den Schwächsten der Schwachen Gewalt angetan hatten.

Wer bestreitet, dass dieser Begriff die Sache trifft, muss erklären, warum der Skandal sexuellen Missbrauchs erst 2018 zu einem öffentlichen Skandal in Deutschland wurde, obwohl das Problem zumindest auf der Leitungsebene der Kirche selbstverständlich bekannt war. Und was für Deutschland gilt, gilt weltweit. Sexueller Missbrauch durch Kleriker ist ein globales Problem.

Ob der Kardinal damals erahnt hat, welche Dynamiken er mit der Ankündigung eines ‚Synodalen Wegs' freisetzen sollte, kann ich nicht beurteilen. Man muss sich aber darüber im Klaren sein, dass der über Jahrzehnte nach dem Zweiten Vatikanischen Konzil angestaute Unmut über die Stagnation in der Kirche schon vor 2018 immens groß war. Nach der Veröffentlichung der MHG-Studie brach der Unmut nur endgültig mitten in der Kirche aus, und er erfasste selbst Personen, die bisher – vorsichtig gesagt – noch eher abwartend, vermittelnd agierten. Aber worum geht es eigentlich im Kern dieser Debatten?

Auf dem ‚Synodalen Weg' ist inzwischen von einem ‚Lehramt der Betroffenen' die Rede. Ich bin nicht sicher, ob ich da mitgehen kann. Zwar kommt auch den Betroffenen sexuellen Missbrauchs selbstverständlich eine wichtige Stimme in der Kirche zu. Denn wenn eine Kirche sich nicht anfragen ließe von dem Leid der Betroffenen und nach systemischen Ursachen fragen würde, die möglicherweise Gründe in der Theologie haben, die in der Kirche wirksam ist, so müsste sie sich den Vorwurf gefallen lassen, ethisch skrupellos zu sein. Ganz bestimmt könnte sie sich nicht mehr auf den Juden Jesus berufen, der doch gerade auf der Seite derer stand, die übersehen wurden oder denen gar Gewalt angetan wurde. Wenn ich skeptisch bleibe, so will ich nicht das Leid der durch sexuelle Gewalt traumatisierten Betroffenen herunterspielen. Als aber Ende 2018 in Deutschland der ‚Synodale Weg‘ ausgerufen wurde, befand sich die Kirche jedenfalls in Deutschland (aber auch in vielen anderen Ländern!) schon lange in einer Abwärtsspirale. Im Kern dieses Konflikts stand und steht bis heute die Frage, ob sich die Kirche auf ein modernes Freiheitsverständnis einlassen kann und darf. Dies gilt jedenfalls für die Ortskirchen, die in der westlichen Welt existieren. In den liberalen Demokratien, die den Individuen innerhalb des geltenden Rechts in der privaten Lebensführung möglichst große Freiheitsräume zusichern, brodelt es schon lange. In Ortskirchen, die unter autoritären Bedingungen existieren müssen, mögen die Akzente anders gesetzt sein. Wer um politische Freiheitsrechte kämpfen muss, stellt die Frage nach der Freiheit in der Kirche eventuell hintenan. Sie stellt sich aber genauso.

‚Synodaler Weg‘ und die Reformklassiker

Es war deshalb auch völlig klar, welche Themen sofort wieder auf die Tagesordnung rücken würden: Sexualmoral, Zulassungsvoraussetzungen zum Amt und die Frage, wie Entscheidungsprozesse in der Kirche gestaltet werden können. Ob man deshalb wie der Regensburger Bischof Rudolf Voderholzer von einem „Missbrauch des Missbrauchs" sprechen sollte, darf man bezweifeln. Wenn man über missbrauchsbegünstigende systemische Gründe nachdenken will, wird man sich unter anderem diesen Themenfeldern widmen müssen. Sollten die Daten es nicht hergeben, dass hier Gründe lagen, so wäre dies ja auch ein Ergebnis. Bisher deuten die Studien aber nicht darauf hin. Gleichwohl gärte es schon lange, und selbst wenn es den Skandal des sexuellen Missbrauchs und seiner Vertuschung nicht gegeben hätte, wären diese Themen regelmäßig wieder auf die Tagesordnung gekommen, weil die lehramtlichen Positionen große Teile der katholischen Milieus schon lange nicht mehr überzeugen. So die einen, die theologisch begründet Reformen und damit eine andere Kirche wollen, während die anderen darauf bestehen, dass bestimmte lehramtlich eingenommene Positionen so konstitutiv mit der Lehre der römisch-katholischen Kirche verbunden sind, dass diese nicht revidiert werden können, wenn man nicht die von Christus selbst gestellte und in apostolischer Tradition entfaltete Identität des Glaubens aufgeben wolle. Man wird Voderholzer zugestehen müssen, dass Themen wie Sexualmoral und Zulassungsvoraussetzungen zum Amt auch ohne den Skandal des Missbrauchs und seiner Vertuschung auf dem Zettel derer standen und stehen, die eine andere Kirche wollen. Aber eine andere Kirche will auch der Regensburger Bischof. Nämlich eine, in der nicht mehr diskutiert wird, sondern in der sich alle Gläubigen folgsam hinter dem Papst versammeln. (Gerne wüsste ich allerdings von ihm, ob dies auch für die Zeit von Alexander VI. und Julius II. gegolten hat. Oder ob für ihn Pius IX. – „Die Tradition bin ich" – immer noch die Idealfigur eines Papstes darstellt, wenn es um die Verkörperung apostolischer Sukzession geht.)

Gehe ich zu weit mit meiner Diagnose, dass die Diskussionen zunehmend an Schärfe gewinnen? Als ich mich im Frühjahr 2022, nachdem sich vermehrt Bischöfe und Kardinäle aus dem Ausland kritisch zum deutschen ‚Synodalen Weg' geäußert und vor einem drohenden Schisma gewarnt hatten, öffentlich äußerte, ob wir nicht längst ein Schisma hätten, habe ich damit auch eine für mich unerwartet heftige Reaktion ausgelöst. Im Kern hatte ich nur gesagt, dass doch längst ganze katholische Milieus in eine innere Distanz zu lehramtlichen Positionen gegangen seien. Rein empirisch betrachtet, dürfte dies kaum zu bestreiten sein. Interessant für mich waren die Reaktionen. Kritiker des ‚Synodalen Wegs' feierten schon fast meine Äußerungen, weil ich ihnen nun als Beleg dafür diente, dass der ‚Synodale Weg' schismatische Tendenzen zeige. Auf der Kritiker-Seite waren dann freilich sehr schnell auch ganz andere Töne zu vernehmen. Von Gerhard Ludwig Kardinal Müller wurde ich als das „Große Striet-Ross des Synodalen Wegs" betitelt, das „in den Kampf" habe „geworfen werden" müssen, „um den deutschen Führungsanspruch in der Weltkirche durchzusetzen".[6] Jemanden durch eine ganz offensichtlich sehr bewusst eingesetzte Rhetorik in die Nähe einer menschenverachtenden Ideologie zu rücken, die von Deutschland ausging, sollte überlegt sein. Nun gut. Irritierend ist noch etwas anderes an den Äußerungen des Kardinals.

Das Gewicht von Klerikern aus dem deutschsprachigen Raum in Rom war in den letzten Jahren schließlich nicht gerade gering. Wenn ich mich nicht täusche, durften über Jahrzehnte nur die in die kuriale Streitmacht aufsteigen, die den Kampf gegen die „Diktatur des Relativismus", so Joseph Kardinal Ratzinger vor dem Konklave, aus dem er dann als Papst Benedikt XVI. hervorging, aufzunehmen bereit waren. Seit den Tagen von Johannes Paul II. geht es bei diesem katholisch vorgetragenen Antirelativismus um Fragen des Lebensschutzes, was ganz zweifelsohne ein hochsensibles Thema ist. Lebensschutzpolitik kann aber in bestimmten katholischen Kreisen auch ganz andere Facetten annehmen. Inzwischen sind es, mindestens gleichgewichtet, Fragen einer Egalisierung der Geschlechterverhältnisse, wie sie in liberalen Demokratien zunehmend respektiert und auch rechtsstaatlich abgesichert werden, die in diesen Kreisen und bis in die oberste kirchliche Hierarchie hinein hart ausgetragen werden. Dabei geht es auch um den gesamten Komplex nicht-heterosexueller Lebenspartnerschaften beziehungsweise Ehen. Relativistisch ist es in diesen Kreisen auch, die Frauenordination zu fordern oder aber die streng hierarchische Verfassung der Kirche verändern zu wollen zugunsten von synodalen Strukturen, die andere Entscheidungsfindungsprozesse gewährleisten. Ich darf an Walter Kardinal Kasper erinnern, der sich inzwischen zu einem prominenten Kritiker des ‚Synodalen Wegs‘ entwickelt hat. Es scheint jedenfalls in der Schar derer, die nichts ändern wollen, weil sie das, was auf dem ‚Synodalen Weg‘ diskutiert wird, für gottgegeben halten, an deutschsprachigen Stimmen nicht zu fehlen.

Ich darf bei dieser Gelegenheit vergewissern, dass ich von niemandem in den Kampf „geworfen“ wurde. Ich bin niemals auch nur konsultiert worden. Wenn ich Gründe sehe, mich äußern zu sollen, dann äußere ich mich eben. Ansonsten genieße ich auch ganz gerne das Leben, das fromme Menschen bekanntlich als Geschenk Gottes glauben. Ob die *Tagespost* allerdings allzu gut beraten ist, einen Artikel eines deutschen Kardinals zu drucken, in dem neben einer Attacke auf mich, von der ich gar nicht so genau weiß, ob sie mir nicht heimlich schmeichelt, von „Propagandaforen der deutschen Bischöfe“ die Rede ist, ist im Übrigen vielleicht nicht nur eine Geschmacksfrage. Aber vielleicht ist Würzburg – hier erscheint die *Tagespost* – auch der Ort, an dem sich entscheidet, was katholisch ist und was nicht, und vor allem, wer katholisch ist. An Etikettierungen mangelt es in der *Tagespost* jedenfalls nicht gerade. Auch Bischöfe können übrigens in der *Tagespost* deutlich abgewatscht und unter Häresieverdacht gestellt werden.

Interessant ist zugleich, dass selbst Gerhard Ludwig Kardinal Müller als geweihter Insider offensichtlich einen massiven Dissens im Bischofskollegium feststellt. Denn wer als Bischof Propagandaforen betreibt, auf denen kritische Stimmen zu Wort kommen, befindet sich ja, theologisch betrachtet, auf häretischen oder aber apostatischen Wegen. So ganz falsch scheine ich mit meiner Diagnose, dass es längst sich im Inneren der Kirche abspielende schismatische Dynamiken gibt, also gar nicht zu liegen. Ganz ähnlich, wenn auch rhetorisch nicht so angeschärft, scheint selbst der gerade bereits erwähnte, immer wieder als eher liberal etikettierte Walter Kardinal Kasper zu denke. Er habe zwar „nicht über andere zu urteilen". Er könne nur sagen, dass er nicht sehen könne, wie er „beim letzten Gericht einzelne, schon beschlossene Aussagen (des ‚Synodalen Wegs', M. S.) als mit dem Evangelium vereinbar vertreten könnte"[7]. Diese Aussage wird mich noch einmal beschäftigen. Offensichtlich vermutet auch Kasper Häresie auf dem ‚Synodalen Weg'; das kommende Gericht bemüht man schließlich nicht so schnell. Suggestiv fragt er deshalb, wie bestimmte Bischöfe sich eschatologisch verantworten sollen, wenn sie beschlossene Aussagen mittrügen. Eine der theologisch interessantesten und zugleich eine der für eine auf dem bischöflichen Amt ruhende Kirche delikatesten Fragen lautet, wie es überhaupt möglich sein kann, dass Bischöfe sich so vom Evangelium entfernen. Denn eigentlich, so könnte man ja theologisch denken, müsste doch die Weihegnade ausreichen, um solche Abwege unmöglich zu machen. Schließlich gefährden diese Hirten nicht nur ihr eigenes Seelenheil, sondern auch das der ihnen anvertrauten Lämmer. Aber offensichtlich gibt es Dissens, und zwar massiven Dissens selbst unter Bischöfen. Nur wer verantwortet diesen? Ist Gott nicht zielgenau genug in seiner Bischofsberufungspolitik? Oder aber tragen andere an dieser Konfusion Schuld? Irrlichternde Theolog:innen möglicherweise, die einen schlechten Einfluss auf Bischöfe nehmen?

Konflikt um die Freiheit

Wie bereits vermerkt, hat sich – etwas versteckt in einschlägig orientierten Organen publiziert – Karl-Heinz Menke jetzt nochmals zu meinem Freiheitsdenken geäußert. Der Publikationsort ist deshalb aufschlussreich, weil hier dezidiert Politik gegen den ‚Synodalen Weg‘ gemacht wird.[8] Menke sieht genau, dass es die Umstellung auf einen modernen, autonomieaffinen Freiheitsbegriff ist, die die Debatten auf dem ‚Synodalen Weg‘ vorantreibt. Zwar habe ich nie von einer libertarischen Freiheit gesprochen. In der Sache aber sind meine freiheitstheoretischen Überlegungen ‚libertarisch‘. Damit ist nicht nur gemeint, dass sich Freiheit durch sich selbst bestimmen kann. Sondern auch, dass sie sich, wenn sie praktisch werden will, auf der Basis von selbst abgewogenen Gründen bestimmen muss, wenn sie Freiheit sein will. Der Mensch muss dies, weil er „dazu verurteilt" ist, „frei zu sein".[9] Wenn er sich in einer reflexiven Weise dessen bewusst wird, nicht mehr rein umweltgebunden zu existieren, sondern sich selbst bestimmen zu können, muss er dies auch. Zugleich steht er vor der Möglichkeit, sich als den Menschen zu wollen, der wählen können will. *Sich selbst als der freien Selbstbestimmung fähig zu wollen*, ist der eigentliche Freiheitsakt, durch den sich Freiheit allererst konstituiert. Damit ist aber noch nichts darüber ausgesagt, woher die normativen Maßstäbe kommen, die die menschliche Freiheit bestimmen sollen. Begegnen sie dem Menschen von außen? Ist es ein göttlicher Wille, der sich dem Menschen in dessen Vernunft äußert? Der dieser eingeschrieben ist? Oder macht sich ein göttlicher Wille geschichtlich durch Offenbarung kund? Oder gar beides?

Menke akzentuiert vor allem die letzte Position. Geradezu grotesk wird es aber, wenn er die Konsequenzen beschreibt, die sich für ihn aus dem von ihm libertarisch genannten Freiheitsbegriff ergeben: „Man übertreibt in keiner Weise, wenn man die inzwischen für Kirche und Theologie geforderten Konsequenzen des libertarischen Freiheitsbegriffs als Revolution bezeichnet. Denn unter der Voraussetzung einer Freiheit, die selbst bestimmt, was wahr ist, kann von der Offenbarkeit Gottes als der Mensch Jesus und von der Sakramentalität der apostolisch verfassten Kirche keine Rede mehr sein; erst recht nicht von Unfehlbarkeit und Irreversibilität."[10] Ob bei einem freiheitstheoretischen Ansatz von der „Sakramentalität der apostolisch verfassten Kirche keine Rede mehr sein"[11] kann, bezweifle ich mit Nachdruck und werde auch noch ausführen, wie ich Sakramentalität verstehe. Historisch betrachtet, ging man immer von der „Offenbarkeit Gottes als der Mensch Jesus" aus (auch ich tue dies) – das Problem lautet nur: Während die einen behaupten (um es an einem Beispiel deutlich zu machen), homosexuellen Personen sei zwar mit Barmherzigkeit zu begegnen, praktizierte Homosexualität sei aber schwere Sünde, und sich für diese Aussage auf den Willen Gottes berufen, argumentieren die anderen genau gegenteilig dazu: Der dann veranschlagte Jesus steht auf der Seite derer, die nicht der Mehrheit angehören und sich diskriminiert fühlen. Wer ist nun in der Wahrheit? Menke erinnert an die Wahrheitsinstanz, wenn er an das ordentliche Lehramt erinnert, das möglicherweise sogar dann, wenn es sich nicht außerordentlich äußert, Unfehlbarkeit für sich beansprucht.[12]

Nun sind die aktuellen Auseinandersetzungen in der Kirche nur sehr wenig noch direkt von der Unfehlbarkeitsdogmatisierung von 1870 bestimmt. Ohne dass viele Menschen dies ausdrücklich wüssten, sei die Unterscheidung zwischen dem außerordentlichen und dem ordentlichen Lehramt gar nicht gegeben. Aufschlussreich ist jedenfalls, dass er in einem fast zeitgleich zu dem grundsätzlicheren Text, aus dem gerade zitiert wurde, in einem praktisch ausschließlich auf mich Bezug nehmenden Interview, das zunächst bei *Catholic News* und dann auf dem bereits erwähnten Portal *Neuer Anfang* veröffentlicht wurde, das ganz ausdrücklich gegen den ‚Synodalen Weg‘ positioniert ist, als strittige Themen Fragen der Sexualmoral und die Frage der Frauenordination nennt. Deutlich wird auch, dass Menke sehr genau registriert, dass nicht nur das Freiheitsthema einen Konfliktpunkt darstellt, sondern auch die Frage, wie überhaupt theologische Erkenntnisse gewonnen werden und sich im Raum der Kirche behaupten können. In dem besagten Interview fordert er Rom nicht weniger als dazu auf, gegen Bischöfe einzuschreiten, die sich überhaupt auf Konstruktionen wie den ‚Synodalen Weg‘ einlassen. Dabei hat Menke als lediglich emeritierter Theologieprofessor überhaupt keine ihm kirchenrechtlich zugesprochene Legitimität, Bischöfe zu etwas aufzufordern. Um es vorsichtig zu sagen, ist die Situation verwirrend. Noch verwirrender ist es, wenn Laien in den gerade genannten Medien oder auch der *Tagespost* Orthodoxienoten bezogen auf Bischöfe verteilen. Möglicherweise ist die Logik die, dass der Papst das Orthodoxiekriterium darstellt. Hier wird man feststellen müssen, dass Franziskus bisher keine gravierend anderen Äußerungen getätigt hat als seine beiden Vorgänger. Allerdings hat Benedikt XVI. doch verschiedentlich mit Vorgängertraditionen gebrochen. Und Johannes Paul II. hat, das wird man ihm nicht absprechen können, die über Jahrhunderte vom katholischen Lehramt vertretene Ehezwecktheologie deutlich korrigiert.[13] Der Zweck des ehelichen Sexualaktes hat nun nicht mehr ausschließlich der Zeugung von Nachkommenschaft zu dienen. Stattdessen plädiert Johannes Paul II. dafür, dass Sexualität immer auch Ausdruck der ehelichen Liebe ist. Nur wo, so würde ich gerne wissen, ist nun die lehramtliche Kontinuität? Offensichtlich werden die Fragen grundsätzlicher.

Ende einer Sozialgestalt von Kirche

Ich habe insgesamt den Eindruck, dass noch nicht mutig genug gesagt wird, dass die alte Kirche nicht nur in ihrer kirchenrechtlich organisierten Sozialgestalt zu Ende geht. Durch die Androhung von Sanktionen lassen sich offensichtlich diskursive Prozesse nicht mehr einhegen. Noch gravierender für die Transformationsprozesse, die der Katholizismus derzeit durchmacht, dürfte sein, dass die theologischen Herausforderungen seit den Zeiten Galileis nicht angenommen worden sind. Weder hat man auf die Weltbildumstellung reagiert, die mit dessen Namen verbunden ist, noch auf die effizientere Gestaltung der Lebenswelt durch Technik. Zwar werden inzwischen auch immer stärker die Schattenseiten dieses Prozesses sichtbar. Ein grundsätzliches Argument, die Welt so zu betrachten, als ob es Gott nicht gäbe, lässt sich daraus nicht entwickeln. Zudem befindet sich der personale, sich durch Freiheit auszeichnende Gott seit Jahrhunderten in einer Dauerkrise.

Im Gegensatz zu anderen theologischen Gesprächspartner:innen halte ich es zwar weiterhin mit dem alten Heinrich Heine, der den Pantheisten seiner Zeit einen versteckten Atheismus vorwarf. Ich bin weiterhin ausschließlich an einem Gott interessiert, der das Entscheidende vermag – und das bedeutet: der den Tod töten kann. Aber es fällt mir sehr schwer zu glauben, dass dieser ersehnte und hoffentlich auch existierende Gott vor 13,8 Milliarden Jahren entschieden gewesen war, mit seinem Schöpfungsentschluss künftig nicht nur die kosmologischen Prozesse, sondern auch und vor allem sein *alter Ego* im Schlafzimmer penibel beobachten zu wollen. Wer dies glaubt, wird kaum noch ins Gespräch kommen können mit Menschen, die vorrangig irritiert sind von dem starken Anthropozentrismus christlicher Theologie angesichts der Dimensionen dieses Universums, die sich jeder menschlichen Vorstellungskraft entziehen.

Wie überhaupt noch ein Gott geglaubt werden kann angesichts des rasant anwachsenden Wissens über diese Welt, ist die eigentliche theologische Herausforderung der Zukunft. Das bedeutet aber im Umkehrschluss nicht, dass die auf dem ‚Synodalen Weg' diskutierten Fragen nicht einer konstruktiven Lösung zugeführt werden müssten. Es gilt endlich zu klären, ob die katholische Kirche in einer freiheitsbejahenden Moderne ankommen kann und will. Der Katholizismus jedenfalls in den liberalen Demokratien befindet sich in einem irreversiblen Umbruch. In der Frage, ob es ein Recht auf Freiheit gibt, kann es keinen Kompromiss geben, wenn dieses Recht erst einmal als Menschenrecht anerkannt ist. Und was im nicht-religiösen Bereich gilt, kann religiös nicht falsch sein. Alles deutet derzeit darauf hin, dass es die Freiheitsfrage ist, die zu einem Pluralisierungseffekt in der katholischen Kirche führen wird. Wie dieser Konflikt ausgehen wird, ist völlig offen. Was derzeit offenbar wird, ist, dass die Vorstellung von der *einen* katholischen Kirche eine Fiktion ist. Allerdings hat es auch nie die eine katholische Kirche gegeben, sie war immer plural. Was es gab, waren Zeiten, in denen die Sozialdisziplinierung besser funktioniert hat, als dies heute noch der Fall ist. Gleichwohl ist der sich jetzt in Deutschland darstellende, höchstwahrscheinlich aber auch auf andere Ortskirchen abstrahlende Konflikt so fundamental, dass niemand mehr voraussagen kann, wie er sich auswirken wird. Ich traue mir keine Prognose zu, wie die Zukunft der Kirche in Deutschland und global betrachtet aussehen wird.

Eines aber scheint mir gewiss zu sein: Die Prozesse haben eine Dynamik entfaltet, die nicht mehr lehramtlich-autoritär zu stoppen ist. Das Lehramt wird sich neu erfinden müssen, nachdem es im 19. Jahrhundert ein Monopol auf Lehre und Jurisdiktion entwickelt und sich darüber in eine absehbare Sackgasse manövriert hat. Sich zu korrigieren, kann aber durchaus ein Zeichen von Stärke sein.

Papst Franziskus und der ‚Synodale Weg'

Ein Nachtrag: Wenige Tage vor dem Abschluss dieses Manuskripts erschien eine nicht namentlich gezeichnete Erklärung des „Heiligen Stuhls" zum ‚Synodalen Weg' in Deutschland.[14] Ich habe darauf verzichtet, sie in den Text einzuarbeiten. Zwar sei es „wünschenswert, dass die Vorschläge des Weges der Teilkirchen in Deutschland in den synodalen Prozess, auf dem die Universalkirche unterwegs" sei, „einfließen mögen". Immerhin. Aber, die Erklärung beginnt mit einer klaren Mahnung: „Zur Wahrung der Freiheit des Volkes Gottes und der Ausübung des bischöflichen Amtes erscheint es notwendig klarzustellen: „Der ‚Synodale Weg' in Deutschland ist nicht befugt, die Bischöfe und die Gläubigen zur Annahme neuer Formen der Leitung und neuer Ausrichtungen der Lehre und der Moral zu verpflichten." Verwiesen wird auf den Zusammenhang von Teilkirchen und Weltkirche, und „„die Notwendigkeit, die Gemeinschaft mit dem ganzen Leben der Kirche immer lebendig und wirksam zu erhalten'". Das eingeschlossene Zitat stammt aus dem Schreiben von Papst Franziskus *An das pilgernde Volk Gottes in Deutschland* aus dem Jahr 2019. Um das politische Gewicht dieser Erklärung einschätzen zu können, wüsste man gerne, wer dieses verfasst hat und zuletzt verantwortet. Sehr unwahrscheinlich ist aber, dass Papst Franziskus sie nicht zumindest gebilligt hat, und wenn nicht: Er könnte sie als Papst leicht korrigieren. Inzwischen hat er eröffnet, die Erklärung sei vom Vatikanischen Staatssekretariat veröffentlicht worden. Ob er im Vorfeld kontaktiert wurde, bleibt weiterhin unklar. Gleichzeitig betont er, dass er das zum ‚Synodalen Weg' gesagt habe, was er in seinem Brief an das pilgernde Gottesvolk in Deutschland geschrieben habe.

Betrachtet man die Erklärung des Vatikanischen Staatssekretariats inhaltlich, so ist sie von zwei Sorgen geprägt und in einer Hinsicht bemerkenswert. Sehr deutlich wird, dass man im Vatikan den Eindruck hat, die Beschlüsse des ‚Synodalen Wegs' wollten die Lehrkompetenz der Bischöfe beschneiden. Das Statut des ‚Synodalen Wegs' weist dies zwar eindeutig zurück.

Allerdings habe ich mich von Anfang an gefragt, ob die Synodalen ihre Gründe, die sie für Reformen plädieren lassen, dann nicht mehr für triftig halten, wenn sie vom Lehramt nicht akzeptiert werden und die vom Lehramt für die bisherige Lehre beigebrachten Gründe immer noch nicht überzeugen. Der ‚Synodale Weg' wiederholt ja ohnehin nur ‚offiziell' die theologischen Debatten, die seit Jahrzehnten laufen. Es wird nur transparent, was ohnehin längst mehrheitlich Realität ist. Die Mehrheit allein verbürgt zwar noch nicht, dass auch gut ist, was gelebt wird; auch Minderheiten können im Recht sein. Aber wenn das Lehramt beispielsweise in Sachen Sexualmoral es faktisch seit geraumer Zeit nicht mehr schafft, mit den von ihm vorgetragenen Gründen zu überzeugen, dann sollte ihm dies zu denken geben. Oder aber es sieht sich nicht in dem rechtfertigungspflichtig, was es zu leben einfordert. Nüchtern betrachtet, kann der ‚Synodale Weg' die bischöfliche Lehrkompetenz gar nicht beschneiden, weil sie seit Jahrzehnten zerfällt. So wie umgekehrt der ‚Synodale Weg' auch kaum in der Lage wäre, „die Bischöfe und die Gläubigen zur Annahme neuer Formen der Leitung und neuer Ausrichtungen der Lehre und der Moral zu verpflichten". Nach geltendem Kirchenrecht ist dies ohnehin nicht möglich. In der Tat ist der ‚Synodale Weg' nicht zu einer solchen Neuausrichtung befugt. Mir fehlt aber bezogen auf den gesamten Komplex der Sexualmoral schlicht die Phantasie, wie Vertreter der ‚Theologie des Leibes' von Johannes Paul II. dazu ‚verpflichtet' werden sollen, gleichgeschlechtliche Lebensgemeinschaften frohen Herzens anzuerkennen, weil der ‚Synodale Weg' ein Papier verfasst hat. Selbst wenn ein künftiger Papst die bis heute im Katechismus vertretene Position ändern würde, was ja bedeuten würde zu sagen: Johannes Paul II. habe sich geirrt, würde diese Gruppe dies vermutlich nicht anerkennen. Aber ich mag mich täuschen, was die Lehramtshörigkeit von Katholiken angeht.

Interessant an der ‚Erklärung des Heiligen Stuhls' ist,

dass die Klarstellung sich nicht nur auf die Ausübung des bischöflichen Amtes, sondern auf die „Wahrung der Freiheit des Volkes Gottes" bezieht. Diese Freiheit wird sogar zuerst erwähnt. Aber was ist mit dieser Freiheit gemeint? Geht es darum, dass der ‚Synodale Weg' nicht zu stark vorpreschen soll, damit auch andere Teilkirchen innerhalb des weltweiten synodalen Prozesses offen diskutieren können? Man sollte aber wissen, dass man Diskurse nicht künstlich bremsen kann. Oder aber ist das Volk Gottes gemeint, das die wahre Freiheit wahrt? Und das bischöfliche Amt stellt fest, wann dies der Fall ist? Diese Interpretation läge ganz auf der Linie des Freiheitsbegriffs von Joseph Ratzinger/Benedikt XVI. Was aber, wenn die Synodalen auf dem ‚Synodalen Weg' faktisch oder sogar reflexiv-ideengeschichtlich abgesichert einen ganz anderen Freiheitsbegriff in ihren Beratungen Anwendung finden lassen? Um es mit dem katholischen Reizbegriff schlechthin zu sagen: den der Autonomie?

Nochmals, es lohnt sich auch angesichts dieser Erklärung aus Rom grundsätzlich über Freiheit nachzudenken. Wenn man verstehen will, warum die Dynamiken in der römisch-katholischen Kirche so rasant sind, so wird man diesem Thema nicht vorübergehen können. Das menschliche Selbstverständnis ist ein anderes geworden, sodass es nicht mehr in Einklang zu bringen ist mit dem, was lehramtlich gelehrt wird. Möglicherweise nicht überall, aber in den vom Ideal selbstbestimmter Mündigkeit bestimmten Kulturen und Gesellschaften ist dies so. Deshalb verändert sich in diesen Kulturen auch die Sozialform von Kirche. Und nicht nur die Sozialform von Kirche, ihre kirchenrechtlich hierarchische Form verändert sich. Jedenfalls auf der Ebene dessen, was geglaubt wird. Nur weil bischöfliche oder gar päpstliche Autorität etwas als zu glauben vorlegen, wird dies noch lange nicht geglaubt. Dazu müssen auch die vorgetragenen Gründe überzeugen. Damit aber verändert sich auch das, was Menschen an der Kirche als sakramental begreifen. Dies hat längst als faktische Veränderung der Kirche in der Welt von heute und morgen begonnen. Was nicht als lebendig, als lebensförderlich und hoffnungsgebend erlebt wird, wird ignoriert werden. Menschen müssen noch nicht einmal die Bedeutung des Wortes ‚sakramental' verstehen, sie gestalten diesen Prozess einfach mit.

Deutschland unter einer spezifischen römischen Beobachtung

Möglicherweise geht in der Ortskirche in Deutschland auch nur eine kirchengeschichtliche Epoche schneller und ausdrücklicher zu Ende, als dies zumindest in einigen anderen Ortskirchen der Fall ist, in denen es ebenfalls seit geraumer Zeit gärt. Dies könnte zwei Gründe haben, die durch die nicht zu übersehende römische Fixierung auf die deutschen Verhältnisse nur noch einmal verstärkt werden. Nicht in Vergessenheit geraten sollte, dass Deutschland das Land der Reformation ist. Die Identitätspolitik sowohl nach außen als auch nach innen hin, wie sie von der römischen Kurie in den letzten Jahrhunderten betrieben wurde, war immer auch eine Abgrenzungspolitik gegenüber dem, was als protestantisch galt. Dabei ist es das sakramentale Amt, das aus römischer Perspektive die Differenz markiert, und nicht nur für die Hierarchen in der Kirche. Auch in katholischen Milieus ist es das sakramentale Amt, ausschließlich Männern vorbehalten, das hier eine identitätstiftende und zugleich differenzmarkierende Funktion einnimmt. In Zeiten, die ohnehin verunsichernd sind aufgrund sich intensivierender politischer Krisenerfahrungen, in der alles im Wandel zu sein scheint, Gesellschaften sich pluralisieren und selbst traditionelle Geschlechterrollen nicht mehr nur einfach gelten, wächst das Verlangen nach Stabilität. Religion kann zumindest eine identitätsstabilisierende Funktion übernehmen.

Aus römischer Perspektive kommt noch ein weiterer Punkt hinzu. Hier ist noch nicht vergessen, dass der heftigste Widerstand gegen die Unfehlbarkeitsdogmatisierung aus dem deutschsprachigen Bereich kam. Und auch wenn auf bischöflicher Ebene einmal deutlicher Gehorsam geleistet wurde, so ganz blieb der Zweifel jedenfalls bei einigen nicht aus. Hinzu kommt, dass es in Deutschland eine im staatlichen Wissenschaftssystem agierende Theologie gibt, die enorme akademische Freiheit genießt, sich aber zugleich auch ganz anders unter Konkurrenzbedingungen ausweisen muss, als dies an Kirchlichen Hochschulen der Fall ist. Dies geht nur, indem sie sich auf das Methodenspektrum und die Theoriemodelle der anderen Kultur- und Geisteswissenschaften einlässt. Das führt nicht notwendig dazu, dass sie ihr Proprium aufgibt – den von der Überlieferungsgemeinschaft Kirche tradierten und praktizierten Glauben –, aber: Der Blick wird historisch geschärft und kritischer, jedenfalls dann, wenn man sich auf die Gegenwartsdiskurse der Philosophie einlässt. Er kann aber auch konstruktiv kritisch werden, wie im Vorwort bereits mit Hermann Krings angeführt. Könnte es so sein, dass erst im Medium neuzeitlicher Freiheitsphilosophie der Glaube an den menschenzugewandten Gott angemessen erschlossen werden kann? Mit der Folge, dass dann aber auch Korrekturen an der bisherigen kirchlichen Dogmatik notwendig werden, die von unzähligen Menschen durch Techniken der sozialen Disziplinierung verinnerlicht wurde.

Auch religiöse Praktiken können als Techniken der Sozialdisziplinierung beschrieben werden. Man denke nur an die über lange Zeiträume erfolgreich vorgeschriebene Beichtpflicht. Dass die Beichte in der katholischen Praxis jedenfalls in der westlichen Welt kaum noch eine Rolle spielt, hat nichts mit religiöser Laxheit zu tun, sondern damit, dass sich Menschen in ihrem Glauben nicht mehr disziplinieren lassen wollten und sich das Beichtgeschäft zudem auch noch auf das Thema konzentrierte, bei dem den Beichtvätern ohnehin wenig Kompetenz zugeschrieben wurde, das der Sexualität. Dies alles wird selbstverständlich in Rom wahrgenommen und auch auf der Ebene unterhalb, der von Bischöfen. Je stärker der Eindruck bei denen wird, die den Ist-Zustand erhalten wollen, umso stärker wird das Kontrollbedürfnis. Die Rede von *der* Offenbarung, *der* Tradition oder auch *dem* von Christus eingesetzten Amt sollten auch einmal vor diesem Hintergrund gelesen werden. Solche Singularbehauptungen verweigern sich der Möglichkeit, Offenbarung, Tradition und Amt auch ganz anders denken zu können. Dies aber geschieht fast schon zwangsläufig, wenn historisch gedacht wird und andere Möglichkeiten sondiert werden, weil eine Theologie in einem Wissenschaftssystem des 21. Jahrhunderts sich anders vollzieht als eine an einer Hochschule in kirchlicher Trägerschaft, an der es andere Sanktionsmöglichkeiten gibt.

Ob sich diese Prozesse nur in Deutschland abspielen, ist sehr die Frage. Nach meinem Eindruck nicht. Sicherlich gibt es starke Ungleichzeitigkeiten, unterschiedliche Dynamiken. Diese hängen von der Einbettung der Ortskirchen in ihren jeweiligen Kontext ab, wobei sehr davor zu warnen ist, dieses Verhältnis als ein zweipoliges zu begreifen. Die Ortskirchen existieren unterschiedlich zeitgeist-bedingt. In Gesellschaften mit einer extremen ökonomischen Ungleichheit, in denen Ausbeutung und mafiöse Strukturen herrschen, werden sich diese anders gestalten, weil die Fragen andere sind, als in Gesellschaften, in denen Probleme von ökonomischer Ungleichheit zwar auch herrschen, aber nicht in einer so dramatischen, existenz-bedrohenden Form. In liberalen Rechtsstaaten werden die Entwicklungspotenziale einer Ortskirche aus einem Verständnis des Evangeliums heraus, in das theologisch rück-gebunden Prinzipien dieses gesellschaftlich wirksamen Liberalitätsverständnisses eingehen, anders aussehen als in Gesellschaften, in denen nicht einmal grundlegende Freiheitsrechte existieren. So wird man auch in stark patri-archalen Gesellschaften nicht die Frage nach der ,Frauen-ordination' stellen. So wie man in stark homophob geprägten Gesellschaften auch kaum ein Verständnis für eine Aktion wie #OutInChurch aufbringen wird, was man im Judentum zur Zeit Jesu auch nicht getan hätte. Aber kann aus der Beschreibung dieser Ungleichzeitigkeiten ein nor-matives Argument abgeleitet werden?

Aus dem Faktischen lassen sich keine geltungstheoreti-schen Argumente ableiten. Auch das Argument universal-kirchlicher Einheit kann nicht als Argument dienen. Wenn die lehrmäßige Ablehnung von homosexuellen Partner-schaften (da das Lehramt nicht von queeren Partner-schaften spricht, belasse ich es bei dieser Rede) auch aus theologischen Gründen strikt abzulehnen, schärfer: Dis-kriminierung und damit Sünde ist, dann ist sie dies immer. Politische Rücksichtnahmen sind abzuwägen. Aber auch nur sehr begrenzt. Deshalb wird sich das römische Lehr-amt auch entscheiden müssen. Entweder es bleibt bei seinen lehramtlichen Positionen, dann werden immer mehr Menschen in die Opposition gehen – oder institutionell resignieren, formell austreten, und ihren Glauben dennoch leben. Denn die über lange Zeit verinnerlichte Vorstellung, dass die Sakramente heilsnotwendig seien, hat sich ohnehin im Nebel klerikaler Anmaßung und theologischer Kritik verflüchtigt. Oder aber das kirchliche Lehramt erfindet sich neu: Moderiert, setzt sich entschieden für die weltweite Geltung von Menschenrechten ein und lebt jedem Menschen eine Hoffnung vor, der danach fragt, bescheiden – aber authentisch.

Und sagt vielleicht nicht nur immer *Amen*, sondern – wie Daniel Kehlmann kürzlich anlässlich der Verleihung des Elisabeth-Langgässer-Preises an ihn formuliert hat –: *If only*.[15] Kehlmann streicht in seiner Rede die bleibende Bedeutung der Hoffnung auf den kommenden Gott heraus, auch die auf ein kommendes Gericht. Schließlich hatte Langgässer um ihrer eigenen Karriere willen das Leben ihrer Tochter riskiert, die Auschwitz dann auch nur knapp überlebt hat. In der Moderne angekommen, schwingt dieses *If only* in jedem *Amen* mit, weil der im Credo angesprochene Gott ein unsicherer Kandidat geworden ist für die Besetzung der Rolle des Absoluten. Aber das Lehramt ist nicht in der Moderne angekommen. Es fremdelt bis heute mit einer Vernunftkritik, die den Glauben als das ausweist, was er ist: ein Glaube; und vor allem fremdelt es mit einem anders gewordenen Freiheitsbewusstsein mit gravierenden Auswirkungen.

II. Nochmals:
Unter welchen Bedingungen und
vor allem wie über Freiheit reden?

In den rund um den ‚Synodalen Weg' verhandelten Debatten geht es nicht um die Frage, ob Freiheit existiert. Unabhängig davon, ob die Reformvorschläge affirmativ vorangetrieben und begleitet werden oder ob im ‚Synodalen Weg' der Abfall vom ‚wahren Katholischen' vermutet wird, setzen alle, die sich an diesen Diskussionen beteiligen, voraus, dass es Freiheit *gibt*. Dabei wird immer auch vorausgesetzt, dass frei zu sein für den Menschen bedeutet, sich durch sich selbst bestimmen zu können und nicht nur regelgeleitet zu existieren. Menschen unterstellen sich, dass sie in einer reflexiven Distanz zu sich und den Möglichkeiten, aus denen sie eine für sich wählen, existieren. Dies bedeutet: Wenn ich zu einem bestimmten Zeitpunkt Möglichkeit A statt B gewählt habe, so ist dies eine Entscheidung aus eigener Freiheit. Ob möglicherweise retrospektiv erkannt wird, dass zum Zeitpunkt dieser Wahl zwischen A und B Faktoren in mir wirksam waren, die mir erst jetzt, zu einem späteren Zeitpunkt, bewusstwerden, ändert an dieser grundsätzlichen Freiheitseinsicht nichts. Auch wer sich selbst korrigiert, nimmt schließlich Freiheit für sich in Anspruch. In gewisser Weise gut katholisch ist auch, dass faktisch niemand – was ja auch denkbar wäre – eine radikal auf die Sündhaftigkeit des Menschen fixierte Position einnimmt. Freiheit, die Möglichkeit sich selbst zu bestimmen, wird unterstellt.

Maßstab der Freiheit – woher?

Der entscheidende Streitpunkt lautet, woran eigentlich die Freiheit ihren Maßstab nimmt und nehmen soll, wenn sie sich selbst bestimmt. Der von Karl-Heinz Menke in den letzten Jahren immer wieder gegen mich geäußerte Verdacht lautet, dass in meinem Denken die Freiheit die Wahrheit mache. Damit ist nicht weniger gemeint, als dass die Freiheit willkürlich darüber befinde und auch befinden dürfe, was sie sich als normativen Maßstab voraussetzen will. Es geht um den Verdacht, dass Freiheit sich willkürlich bestimmen darf. Wenn dieser Verdacht nicht existieren würde, gäbe es keinen Dissens zwischen uns – und das bedeutet: Weil es offensichtlich einen massiven Dissens gibt in Fragen der materialen Ethik, etwa ob homosexuell liebende Menschen ihre Liebe partnerschaftlich verbunden ausleben dürfen oder nicht, gibt es diesen Dissens öffentlich, der aber auf der abstrakteren Ebene als Dissens um den Begriff der wahren Freiheit ausgetragen wird. Es ist mir nur wichtig, von Anfang an darauf hinzuweisen, dass grundsätzliche Überlegungen möglicherweise sehr konkrete Konsequenzen haben. Dies in Rechnung zu stellen, darf selbstverständlich nicht bedeuten, die grundsätzlichen Überlegungen zum Freiheitsbegriff davon abhängig zu machen, was als Konsequenzen folgt. Aber das gilt auch dann, wenn man wie Menke vertritt, dass die Wahrheit die Freiheit mache. Meine Gegenfrage lautet, woher eigentlich die Freiheit weiß, was ihr als Wahrheit vorgeordnet ist, der sie sich unterordnen soll, um wahrhaft frei sein zu können.

Was ist Freiheit? So zu formulieren, ist unpräzise und dennoch notwendig. Da es offensichtlich einen massiven Dissens gibt, der meines Erachtens auf dem ‚Synodalen Weg‘ nun offen zutage tritt und im Hintergrund der dort diskutierten Themen steht, lautet die entscheidende Frage vielmehr: Wie *soll* Freiheit sich verstehen? Und vor allem: An was soll sie sich in ihrem Selbstvollzug als Freiheit halten? Ist sie sich selbst genug oder aber muss sie sich von einem ‚Anderen' her verstehen, wenn sie ‚wahrhaft' Freiheit sein will? Offensichtlich hat auch das Nachdenken über Freiheit eine Geschichte, innerhalb derer Differenzen aufbrechen, was unter Freiheit zu verstehen ist, oder noch schärfer: wann Freiheit tatsächlich Freiheit ist.

Ordnet man Menke historisch ein, so erweckt er Debatten zu einem neuen Leben, die seit den Tagen Johannes Pauls II. um Fragen einer autonomen Moral geführt wurden. Es waren Fragen, die schlicht im Raum standen, nachdem man auf dem Zweiten Vatikanischen Konzil immerhin Annäherungen an das veränderte Freiheitsbewusstsein riskiert hatte. Ohne auch nur annähernd das philosophische Niveau der damaligen außertheologischen Debatten um den Wahrheitsbegriff zu erreichen, hat Johannes Paul II. die katholisch Gläubigen entschieden auf eine offenbarungstheologisch unabhängige, der menschlichen Vernunft objektiv zugängliche Wahrheit verpflichten wollen. Die Enzyklika *Veritatis splendor* gibt hiervon vielleicht nur am eindringlichsten Zeugnis.[16] Frei ist die menschliche Freiheit dann, wenn sie sich dem ihr vorgeordneten objektiv Wahren und Guten unterwirft. Die Enzyklika geht ohne größere erkennbare Begründungsanstrengungen davon aus, dass der Mensch als Vernunftwesen das, was wahr und gut ist, erkennen könne. Wenn überhaupt ein Argument vorgetragen wird, so lautet dies, dass die von Gott geschaffene Vernunft deshalb an der göttlichen Wahrheit teilhat, weil Gott sie so geschaffen hat, wie er sie geschaffen hat.

Dass eine solche Logik voraussetzt, zunächst einmal mit

zureichenden Gründen zeigen zu können, dass Gott existiert – ja schärfer noch, wie ich nicht müde werde zu betonen: der *freie* Gott existiert, der ja faktisch aus biblischen
Verpflichtungsgründen auch lehramtlich vorausgesetzt
wird, wird als Problem nicht einmal gesehen. Wenn der
freie Gott existiert, so müsste man formulieren, könnte es
sein, dass die menschliche, sich mit Vernunftgründen ori-
entierende und praktizierende Freiheit von Gott als gottfähig geschaffen wurde. Wobei immer noch erklärt werden
müsste, wie überhaupt ein Gott eine andere Freiheit, wenn
sie sich selbst bestimmen können soll, zu sich selbst ermög-
lichen kann. Denn wenn eine menschliche Freiheit selbst
der Sünde fähig ist, diese nicht Schicksal sein soll, wird es
umso dringlicher zu klären, wie ein Selbst-Stand der
menschlichen Freiheit gegenüber dem seinerseits freien
Gott überhaupt zustande kommen soll. Meines Erachtens
spricht auch weiterhin alles dafür, um einen solchen Selbst-
Stand denken zu können, der Genese der menschlichen
Freiheit ein irreduzibles Moment zuzuschreiben. Der
Wechsel in die ‚ich‘-Perspektive, wenn ein Kind ‚ich‘ zu
‚sich‘ sagt und ‚sich‘ meint, ist bis heute insofern ein Rätsel,
als nicht geklärt ist, wie und warum es dazu kommt. Aber
es wird als Faktum vorausgesetzt, solange Menschen sich
eine ‚ich-Sager‘-Fähigkeit und moralische Verantwor-
tungsmöglichkeit unterstellen.[17]
Auch Menke unterstellt, dass Menschen sich frei bestimmen können und dass auch theologisch an diesem
Vermögen der Selbstbestimmbarkeit durch sich selbst festgehalten werden muss. Oder, um es im Anschluss an Hermann Krings zu sagen: Vom Faktum der Freiheit auszugehen, verlangt danach, sie als „formal unbedingt“ zu
bestimmen.[18] Dass es sich bei einer in formaler (!) Hinsicht
bestimmten menschlichen Freiheit nicht um eine absolute

Freiheit handelt, ist selbstredend. An diesem Punkt gibt es keinen Dissens zwischen Menke und mir. Dieser bricht auf, wenn danach gefragt wird, woran die menschliche Freiheit ihren normativen Maßstab findet, wenn sie sich als ein freies Selbst vorfindend bestimmen muss. Nicht das *Dass* ist der Streitpunkt, sondern wo die Maßstäbe herkommen, nach denen sich die menschliche Freiheit bestimmt.

Menke spricht von ‚der Wahrheit‘, die die Freiheit mache. Aber woher weiß ich, dass das, was ich für die Wahrheit halte, nicht nur das ist, was *ich* für die Wahrheit halte? Steht objektiv fest, was die Wahrheit ist?

Im Hintergrund Joseph Ratzinger

Auch bei Joseph Ratzinger, dem späteren Papst Benedikt XVI., gibt es keine über das gerade Erinnerte hinausgehenden Überlegungen dazu, *ob* der Mensch überhaupt das (was darunter überhaupt verstanden werden soll) objektiv Wahre erkennen kann, dem er sich deshalb unterordnen soll, weil es ihm entspricht. Es gehört zu dem Erfolgskapitel Ratzingers schlechthin, dass er immer wieder, damit der Glaube nicht ins Irrationale abgleitet, eine Synthese von Glauben und Vernunft angemahnt hat – ohne aber jemals auszuführen, wie diese zustande kommt. Zu diesem harschen Urteil muss man jedenfalls dann kommen, wenn diese Synthese in der Gegenwart geleistet werden soll. Man wird kaum anders können, als einen Komplettausfall zu konstatieren, wenn es um eine substantielle Auseinandersetzung mit moderner Philosophie geht.[19] Da inzwischen ja das Œuvre Ratzingers in einer Gesamtausgabe zugänglich ist, wird man diesen Ausfall leicht überprüfen können. Aus fundamentaltheologischen Gründen ist diese Auseinandersetzung allerdings zwingend notwendig.

Vernunft ist für Ratzinger die Vernunft, die sich durch die Gnade Gottes hat reinigen lassen, sodass sie jetzt wieder gottfähig wird und erkennt, worin dessen Wille besteht.[20] Die Vernunftlogik Ratzingers ist komplett abhängig von der Erfindung des Erbsündenkonstrukts Augustins. Dass Gottes Wille identifiziert wird mit dem, was das römische Lehramt als den Willen Gottes ausmacht, ist dann kein Zufall. Theologisch legitimiert wird dies durch die Funktion des Amtes, das in dieser Logik von Gott selbst so gewollt wurde, damit die Kirche in der Wahrheit bleibt und so ihre Funktion gegenüber der Welt ausüben kann. Deshalb kann es auch für Ratzinger keine Demokratie in der Kirche geben.[21]

Joseph Ratzinger ist zwar inszeniert worden als der katholische Intellektuelle des 20. Jahrhunderts. Über seinen eigenen Anteil an dieser Inszenierungspraxis kann ich mich nicht äußern. Möglicherweise ist er es auch; aber alles ist eine Frage der Maßstäbe. Jedenfalls ist es ein eigentümlicher Intellektualismus, der bei ihm zu beobachten ist – und zwar deshalb, weil er sich mit einem eigenartigen Anti-Intellektualismus verbindet. Auf dem Höhepunkt des Konfliktes um Hans Küng, nachdem diesem gerade die kirchliche Lehrbefugnis entzogen wurde, schreibt der damalige Erzbischof von München-Freising dem römischen Lehramt eine demokratisierende Funktion zu.[22] Dies überrascht deshalb, weil man lehramtsseitig repräsentativen Demokratien nachgebildete Entscheidungsfindungsstrukturen in der Kirche stets rigoros abgelehnt hat. Dies gilt bis heute, und dies gilt erst recht bei der Frage, ob auch Laien an Entscheidungen beteiligt werden könnten. Zudem sind die scharfen Verurteilungen nicht nur liberaler

Freiheitsrechte, sondern auch eben der Demokratie als einer Staats- und Gesellschaftsform nicht vergessen. Umso überraschender ist es, dass Ratzinger, nachdem er in seiner Silvesterpredigt zunächst daran erinnert, dass „das Lehramt" als ein „autoritäres Relikt" wahrgenommen würde, „das in einer demokratischen Zeit verschwinden sollte" (329), dann aber auch für mich ein wenig unerwartet dem Lehramt einen „demokratische(n) Auftrag" (336) zuschreibt. Es lohnt sich, die Passage ein wenig ausführlicher zu zitieren:

„Nicht die Gelehrten bestimmen, was an dem Taufglauben wahr ist, sondern der Taufglaube bestimmt, was an den gelehrten Auslegungen gültig ist. Nicht die Intellektuellen messen die Einfachen, sondern die Einfachen messen die Intellektuellen. Nicht die intellektuellen Auslegungen sind das Maß für das Taufbekenntnis, sondern das Taufbekenntnis in seiner naiven Wörtlichkeit ist das Maß aller Theologie. Der Getaufte, im Taufglauben Stehende, braucht keine Belehrung. Er hat die entscheidende Wahrheit empfangen und trägt sie mit dem Glauben selbst in sich. Dies ist der grundlegende Maßstab, an den bis heute wieder mit Nachdruck erinnert werden muss. Auf der Linie der Bergpredigt ist und bleibt der christliche Glaube die Verteidigung der Einfachen gegen die elitäre Anmaßung der Intellektuellen. Hier wird nun endlich das ganze demokratische Element sichtbar, das im Kern der Aufgabe des kirchlichen Lehramtes liegt. Ihm ist es aufgetragen, den Glauben der Einfachen gegen die Macht der Intellektuellen zu verteidigen, wo Theologie das Glaubensbekenntnis nicht mehr auslegt, sondern es in Besitz nimmt und sich über das einfache Wort des Bekenntnisses stellt. Insofern wird zwangsläufig das Tun des Lehramts immer den Ruch des Naiven an sich haben. Gegenüber den gescheiten Theorien von den intellektuellen Kommunikationsstörungen muss es an der Einfachheit und an der gemeinsamen Verständlichkeit der Grundworte des Bekenntnisses festhalten." (335 f.)

Ob die sogenannte Bergpredigt, als die Mt 5–7 in die Geschichte eingegangen ist, historisch so interpretiert werden kann, wie der damalige Erzbischof von München meint, sei dahingestellt.[23] Exegetischer Konsens herrscht gewiss darüber, dass der Jude aus Nazareth auf der Seite derer stand, die an den Rand der Gesellschaft gedrängt wurden, weil sie nicht zur sozialen Oberschicht gehörten oder aber durch die religiös Einflussreichen durch deren Rigorismus unter Druck gesetzt wurden. Daran hatte ich erinnert. Von daher könnte man Ratzinger zustimmen, wenn er diese Menschen im Blick haben sollte. Außen vor lasse ich hier den damaligen Konflikt um Hans Küng. Wer damals welche Rolle gespielt hat, wer noch kompromissfähig war oder auf eine Eskalation des Konflikts aus war, wird sich historisch erst noch zeigen. Angesichts der gegenwärtigen Auseinandersetzungen rund um den ‚Synodalen Weg' interessiert mich die Argumentationsstrategie Ratzingers.

Die ist durchsichtig und schlicht zugleich. Das Lehramt weiß a), was der wahre Taufglaube ist, unterstellt b), dass exakt dieser Glaube von den Einfachen (wer immer das genau ist) gelebt wird, positioniert sich c) als Verteidiger dieses Glaubens auf der Seite der Einfachen stehend und inszeniert sich d) so legitimiert gegen die Kritiker:innen des Lehramtes. Das Lehramt steht damit auf der Seite des ‚wahren' Volkes Gottes. Ich habe in einem anderen Kontext versucht herauszuarbeiten, dass diese Argumentationsstrategie alle Kennzeichen von populistischen Strategien zeigt.[24] Hier wird ein Anti-Elitismus aufgerufen, hier sucht der damalige Erzbischof von München ein Bündnis gegen die „Intellektuellen", was doch sehr verwundern muss. Schließlich hatte er kurz zuvor noch eine akademische Karriere hingelegt, hatte an mehreren Universitätsstandorten einen Lehrstuhl innegehabt.

Wenn es bei Rainer Forst lapidar heißt, der „vernünftige Glaube" wisse, „dass er ein *Glaube*" sei[25], dann wissen Gebildete in der Philosophie seit Kant sofort Bescheid, was gemeint ist. *Möglich* bleibt der Glaube, auch der an geschichtliche Offenbarung. In seinem Wahrheitsanspruch, den er selbstverständlich mit sich führt, zu beweisen ist er aber nicht. Wenn ich es recht sehe, hat sich Joseph Ratzinger nie der Frage gestellt, wie gewiss sich eigentlich ein Glaube bezogen auf sich selbst sein kann. Ein vernünftiger Glaube dagegen – und d. h.: ein Glaube, der sich der Vernunftkritik gestellt hat – weiß darum, dass er nicht mehr sein kann als eine begründete Hoffnung.

Damit ist aber auch völlig klar, dass ein solcher, auch ein kollektivierter Glaube, immer anthropogenen Ursprungs ist. Er kann wahr sein, aber er kann auch falsch sein. Dann gibt es aber auch *den* Taufglauben nicht. Taufformeln atmen den Zeitgeist vergangener Generationen, die zu verstehen versuchten, was es mit diesem Jesus aus Nazareth auf sich hatte. Sie verdichten diesen Glauben ins Formelhafte und machen ihn damit der religiös-rituellen Praxis zugänglich. Aber damit ist die Notwendigkeit, diesen immer wieder neu zu erschließen und intellektuell zu verantworten, noch lange nicht beiseitezuschieben. Ratzinger insinuiert, es stünde fest, was genau gemeint ist. Dabei gibt es bis heute in der Auslegung zentraler Glaubensformeln erhebliche Unterschiede.

Um nur einige Beispiele zu nennen: Wie genau die trinitarische Glaubensformel auszulegen ist, ist nie abschließend entschieden worden, auch lehramtlich nicht. Nur dass Gott als Vater, Sohn und Geist zu bekennen ist, gehört zum gemeinsamen Glauben. An der Realpräsenz Christi unter den Gestalten von Brot und Wein ist immer festgehalten worden. Wie diese zu denken ist, ist nie festgelegt worden. Auch wie genau die Gnade auf den Menschen Bezug nimmt, ist nie abschließend entschieden worden. Und als die Auseinandersetzungen um diese Frage im 17. Jahrhundert zu eskalieren drohten, hat sich das Lehramt damals wohlweislich einer Entscheidung enthalten. Immer ging es in diesen Auseinandersetzungen um zwei entscheidende Punkte. Der erste betraf die Frage, wie genau der Glaube daran zu verstehen ist, dass Gott als der Jude Jesus Mensch geworden ist. In welchem Verhältnis stand er zu dem, den er Vater nannte? Und dann war da die Frage nach der menschlichen Freiheit. Im vorjesuanischen Israel existierte sie nicht. Wer Gottes Gesetz erfüllen will, fragt nicht danach, ob Freiheit überhaupt existiert. Das wird sich spätestens im 4. Jahrhundert nach Christus ändern, wie sich gleich zeigen wird.

Retrospektiv betrachtet, ging es in diesen theologischen Auseinandersetzungen darum, vernünftig glauben zu können. Immer neue Fragen stellten sich unter sich verändernden intellektuellen Rahmenbedingungen ein, und der Prozess des Nachdenkens hob dann neu an. Dies ist bis heute so. Aber das ausgehende 19. Jahrhundert bildet auch einen Bruch mit dieser Tradition, der bis heute nicht wirklich ausgestanden ist. Die Enzyklika *Aeterni Patris* Leos XIII. hat mit enormer Wirksamkeit versucht, die katholische Theologie auf die Philosophie des Thomas von Aquin zu verpflichten. Hier wurde die wahre, die christliche Theologie identifiziert. Das Ziel war klar. Indem die Theologie auf ein mittelalterliches Gedankensystem verpflichtet wurde, sollte so der Kampf gegen den Modernismus der neueren Zeit gestärkt werden. Ich kann mich hier auf einen einzigen Punkt beschränken, der für meine Überlegungen relevant ist. Hierzu zählte auch die seit Kant in der Philosophie traktierte Überzeugung, dass Gottes Existenz nicht mit letzter Gewissheit bewiesen werden kann. Die Konsequenz ist dann klar. Der Glaube ist dann ein Glaube, und: Wenn von geschichtlicher Offenbarung geredet wird, so werden geschichtliche Ereignisse *als* Offenbarungsereignisse interpretiert. In der Dogmatik wird dann der Versuch unternommen, zu einem konsistenten Verstehen zu kommen. Aber: Wenn schon der Glaube daran, dass Gott als Mensch sich selbst geoffenbart hat, eine Interpretation darstellt, so ist auch die Dogmatik als der menschliche Versuch zu beschreiben, verstehen zu wollen. Auch das, was moraltheologisch innerhalb der Kirche als Glaubensgemeinschaft wirksam werden soll, kann nur vom Menschen selbst verantwortet werden. Schon deshalb kann sich das, was moraltheologisch gelten soll, überhaupt nicht von dem unterscheiden, was moralphilosophisch gilt.

Immer aber bleibt der Glaube ein Glaube, wenn er vernünftig sein will. So paradox es klingen mag, so gilt doch: Nur *der* Glaube ist vernünftig, der darum weiß, dass er einen Gott glaubt, der möglicherweise gar nicht existiert und dann auch nicht Mensch geworden sein kann.

Wahrheit und Gewissen bei Menke

Die gerade erwähnten theologischen Konfliktfelder, von der Trinitätslehre angefangen bis zur Frage der Wirksamkeit der Gnade, scheinen heute eher theologische Nebensächlichkeiten zu sein, für die sich ohnehin so recht niemand mehr interessiert. Obwohl sie es gerade nicht sind. Wird es hingegen konkret, so geht es immer um Sexualmoral – und ob es möglicherweise doch eine Frauenordination geben könne.

Der Dogmatiker Karl-Heinz Menke hat sich in den letzten Jahren vor allem auf das letztere Thema konzentriert. Wird er konkret, so ist zu beobachten, dass er immer fundamentale Fragen mitlaufen lässt. Grundsätzlich stimme ich mit ihm darin überein, dass theologisches Nachdenken aus einem Prinzip heraus zu erfolgen hat, es muss konsistent sein – oder anders formuliert: Es braucht eine Denkform. Dabei ist zwischen uns nicht strittig, dass die gesuchte Denkform eine sein muss, die a) die Wirklichkeit von Freiheit voraussetzt und diese b) auch theologisch zur Geltung bringt. Von einem Absolutismus der Gnade, der in rabiat-lutherischen Kreisen gepredigt wird, weil die Sünde Adams die ursprünglich gute Natur des Menschen nicht nur verunstaltet, sondern vernichtet habe, halten wir beide nichts.[26] Man kann nicht gegen einen Naturalismus, der alle Bewusstseinsphänomene als das Produkt neuronaler Prozesse meint erklären zu können, aus philosophischen Gründen die Wirklichkeit von Freiheit reklamieren, und diese dann theologisch für irrelevant oder gar für nichtexistent erklären. Ebenso einig sind wir uns in dem Punkt, dass der Gottesbegriff so konzipiert werden muss, dass es keine Alleinwirksamkeit Gottes geben kann. Dazu sind wir zu stark auf biblisch-bundesgeschichtliches Denken verpflichtet. Oder anders formuliert: Uns interessiert nicht ein Gott, der in sich ruhend existiert, sondern ein Gott, der „etwas anfangen kann" (Schelling).

Die Gründe für dieses Interesse könnten allerdings jeweils etwas anders gewichtet sein, und sie sind es auch:

Während Menke dann doch, ohne dem späten Augustinus zu folgen, der der eigentliche geistige Ziehvater Luthers war und der nur noch eine Freiheit kennt, die wiedergeboren aus der Taufe kommt, gleichwohl die Erlösungsbedürftigkeit des Menschen von der Sünde her denkt, beschreibe ich die Erlösungsbedürftigkeit des Menschen auch unabhängig von Schuld und Versagen.[27] Nach diesen Gemeinsamkeiten brechen die fundamentalen Differenzen auf, auf die ich gleich zu sprechen komme.

Mein Verdacht ist, dass die sich rund um den ‚Synodalen Weg‘ abspielenden Debatten nichts anderes als einen fundamentalen Denkformkonflikt widerspiegeln, der möglicherweise einigen Synodalen nicht einmal bewusst ist. Zu lösen wird er nicht sein. Aber es scheint mir wichtig zu sein, ihn zu kennen. Um deutlich zu machen, wie fundamental dieser Denkformkonflikt ist und wie er sich unmittelbar auswirkt, sind aber die jüngsten Bemerkungen von Karl-Heinz Menke sehr lehrreich. Sie sind dies auch in kirchenpolitischer Hinsicht, weil er sich längst in einschlägigen Organen positioniert hat. In einem Interview mit *Vatican.Magazin* hat Menke, direkt auf mich Bezug nehmend, nachdem ich bemerkt hatte, das innere Schisma sei doch längst da, Folgendes geäußert:

„Mit dem viel diskutierten Lehrschreiben ‚Dominus Jesus‘ hat Johannes Paul II. im Jahr 1999 das beginnende Jahrtausend daran erinnert, dass die Wahrheit, die Christus ist, der Auslegung durch die apostolisch strukturierte Kirche bedarf. Ohne das Institut des in Petrus geeinten Bischofskollegiums gibt es kein verlässliches Bleiben in der Wahrheit. Auf Striet bezogen: Die Wahrheit, die zu erkennen und zu befolgen ist, liegt der Freiheit und Selbstbestimmung des Einzelnen voraus. Die Zukunft der Kirche hängt nicht

an der Rezeption des libertarischen Freiheitsbegriff, sondern an ihrem Bleiben in der besagten Wahrheit."[28]

Dazu möchte ich zunächst zweierlei anmerken. Menke
stellt sich das durch Petrus – er meint wohl: durch die
Nachfolger Petri – geeinte Bischofskollegium offensichtlich wie eine durch den Heiligen Geist gesteuerte hierar-
chisch-normative Kommunikationsgemeinschaft vor, die
deshalb auch nicht anders als verlässlich in der Wahrheit
bleiben kann. Dass Ideal und Realität voneinander abweichen, wird abgeblendet. Allerdings könnte es sein, dass
die Wahrnehmung, worin Ideal und Wirklichkeit voneinander abweichen, deutlich auseinandergeht. Wenn
man den Maßstab grundlegender Menschenrechte, die in
liberalen Demokratien gelten, anlegt, so fällt die Bilanz
kläglich aus. Heute in diesen Gesellschaften selbstverständlich anerkannte Freiheitsrechte wurden durch das
kirchliche Lehramt bis in die 20er Jahre des letzten Jahrhunderts scharf verurteilt. Dabei ist zu beachten, dass diese
Rechte näherhin als Selbstbestimmungsrechte gefasst werden – und dies ist bis heute kirchlich nicht akzeptiert. Als
im Jahr 2021 die Strafnormen im CIC verschärft wurden,
die sich auf sexuellen Missbrauch beziehen, zeigte sich,
dass ein Begriff konsequent vermieden wird – der der sexuellen Selbstbestimmung. Auch wenn sich einige Ver-
schärfungen finden, die den Missbrauch durch Kleriker
opferzentriert denken, so wird bis heute der Normverstoß
als Verstoß gegen das sechste Gebot gefasst.[29] Am Ende
geht es um Zölibatsbruch und damit nicht um verletzbare
Selbstbestimmungsrechte von Personen, die diese möglicherweise noch gar nicht in Anspruch nehmen können.
Ich weise auf diese Veränderungen im CIC hin, weil so
deutlich zu machen ist, wie massiv die Auswirkungen

selbst in die Rechtsprechung hinein sind, je nachdem wie der Freiheitsbegriff gefasst wird. Im kanonischen Recht spielt die Figur der Selbstbestimmung bis heute keine Rolle. An der anhaltenden Kontroverse zwischen Menke und mir kann man den Grundkonflikt präzise studieren, der sich dann bis in die kanonische Gesetzgebung hinein auswirkt. Menkes Freiheitsbegriff kennt kein Selbstbestimmungsrecht, wie dies den Kern aller modernen Moralphilosophien ausmacht. Axel Honneth, der – linkshegelianisch positioniert – sehr entschieden die sozialethischen Verpflichtungen von Freiheit herausstellt, hat zugleich aufgezeigt, dass es schließlich die Idee eines Rechts auf Selbstbestimmung war, die im sozialevolutiven Prozess der ethischen Selbstregulierung moderner Gesellschaften normativ entscheidend und zum Orientierungsprinzip moralischer Selbstbestimmung wurde.[30] Möglichst große Freiheit im Selbstentfaltungsbegehren von Menschen soll sein, solange die Rechte anderer nicht verletzt werden. Man kann nicht behaupten, dass hier keine Gründe benannt würden, warum bestimmte und nicht andere Kriterien in ethischen Fragen geltend gemacht werden. Eine nicht willkürlich bleiben wollende Freiheit ist gegenüber sich selbst ausweispflichtig, warum sie sich so bestimmt und nicht anders.

Dass sich die Freiheit nach Gründen bestimmt, reicht Menke aber nicht aus. Mir unterstellt er, ich würde behaupten, es gebe „gar keine Wahrheit, sondern nur mehr oder weniger überzeugende Gründe"[31]. Das ist schlicht falsch (und Menke belegt auch nicht). In ethisch-moralischen Fragen gibt es *unbedingte* Kriterien, auf die ich noch zu sprechen komme. Was ich sage, ist, dass es nicht noch einmal die Möglichkeit gibt, die Perspektive Gottes als Prüfinstanz anzunehmen, wenn die Existenz des freien Gottes nicht mit zureichenden Gründen als nicht mehr widerlegbar auszuweisen ist. Wenn der freie Gott aber existieren sollte, so ist der das *Credo* eröffnende Satz *Ich glaube an Gott, den Vater, Allmächtigen, Schöpfer des Himmels und der Erde* wahr. So wie auch alle anderen Aussagen sich dann nicht nur als sinnvoll verstehen lassen, bis in den eschatologischen Ausblick auf das kommende Gericht hin[32], sondern als solche, die Wirklichkeit werden können.

Doch zurück zu Menke. Mit Bezug auf Joseph Ratzinger konkretisiert er: „Nur wenn es Wahrheit gibt, die allen menschlichen Theorien, Interpretationen, Diskursen und Konsensbildungen richtend vorausliegt, ist die Würde des Menschen jeder Einschränkung entzogen; nur dann gibt es Handlungen, die unabhängig von jeder Bedingung immer und überall falsch sind – wie z.B. Kindesmissbrauch und Folter."[33] Ganz bestimmt würde kein Mitglied des ‚Synodalen Wegs' bezogen auf den letzten Halbsatz Einwände erheben.[34] Interessanter für meine Zusammenhänge ist die Begründung, die Menke vorträgt: „Unabhängig von seiner religiösen Sozialisation ist jeder Mensch immer schon verwiesen auf das ‚Unbedingte', das man gemeinhin Gott nennt. Jeder kann diese Verwiesenheit entfalten oder aber verkümmern lassen."[35] Entsprechend bestimmt er das Gewissen: „Das Gewissen ist nicht Ursprung der Wahrheit, die es erkennt; und nicht Ursprung des Guten, das es befolgt. Nicht das Gewissen ist Grund des Unbedingten, sondern das Unbedingte Grund des Gewissens."[36] Menke identifiziert somit den unbedingten Sollensanspruch, den das Gewissen an sich erfährt, mit einem von diesem unabhängig zu denkenden Unbedingten. Und da das Gewissen das einer freien Vernunft ist, ist dies gleichbedeutend damit, dass die Freiheit diesen Anspruch an sich erlebt. Ich unterstelle zunächst einmal, dass dieser Sollensanspruch als ein von Gott gesetzter ausgedeutet werden kann. Menke hat dies ganz offensichtlich im Blick. Interessant wird es, wenn gefragt wird, was diesen Anspruch *inhaltlich* ausmacht. Schließt ein solcher an das Gewissen ergehender Sollensanspruch auch ein, Selbstbestimmungsrechte unbedingt achten zu sollen? Die sakramentale Ehe für alle kanonisch legitimiert sehen zu wollen, weil es nun einmal unterschiedliche Liebespräferenzen gibt? Dass dies schließlich im historischen Prozess anerkannt wurde, nachdem man endlich erkannte hatte, dass die Ehe auch mehr verkörpern kann als eine Rechtsgemeinschaft? Dass dies kirchlich zu verweigern „unabhängig von jeder Bedingung immer und überall falsch" war und damit bis heute ist?

Ich kann mir nicht so recht vorstellen, dass Menke eine solche Konsequenz im Blick hat. Es zeigt sich aber: Selbst wenn man das mit Gott identifizierte Unbedingte als Grund des Gewissens ansetzen wollte, so ist damit noch nicht viel gesagt. Interessant wird es erst, wenn danach gefragt wird, *was* das Unbedingte dem Gewissen abverlangt zu tun. Menkes Logik ist frappierend. Dass er mit einem angeborenen Gottesbewusstsein rechnet, wurde bereits herausgestellt. Durchaus konsequent denkt er auf der Linie des bisher Rekonstruierten, wie Offenbarung geschieht. Eigentlich bräuchte es sie nicht, weil das Unbedingte, das das Gewissen fordert, diesem immer schon sagt, was er zu sollen hat.

Wenn philosophisch nicht mit zureichenden Gründen zu klären ist, ob ein Gott existiert, der sich frei offenbaren kann und will, muss sich jede Rede von geschichtlicher Offenbarung als Interpretation historischer Ereignisse verstehen. Das Leben und den Tod Jesu als Selbsterweis der unbedingten Liebe Gottes auszudeuten, kann deshalb grundsätzlich falsch sein – in jedem Fall gehen aber in eine solche Interpretation Faktoren ein, die jedenfalls möglicherweise den intentionalen Grund des Ereignisses nicht angemessen erfassen. So würde *ich* sagen. *Menke hingegen* denkt das Gegenteil davon:

> „Die biblisch bezeugte Wahrheit wird nicht nachträglich in erzählte Ereignisse gefasst, sondern umgekehrt: Das Ereignis bestimmt die Interpretation. Allerdings ist die Heilsgeschichte nicht schon an und für sich, sondern erst dann Offenbarung, wenn sie zutreffend verstanden und erklärt wird. Die Offenbarung braucht Empfänger, die sie zutreffend bezeugen und interpretieren. Deshalb die Erwählung des Zwölf-Stämme-Volkes Israels, das sich von allen anderen Völkern unterscheiden und mühsam lernen musste, stellvertretend Wahrheit von Irrtum zu scheiden. Deshalb die auf das Christus-Verstehen der zwölf Apostel gegründete und auch nach deren Tod apostolisch strukturierte Kirche – von Christus selbst untrennbar und daher vom Zweiten Vatikanum als Grundsakrament beschrieben." [37]

Eindrücklicher kann ein Christentum nicht vorgeführt werden, das in seinem intellektuellen Kern eine Verfallstheorie integriert hat. Es gibt für Menke *die* Wahrheit, die sich offenbart hat, und wer nicht in Übereinstimmung mit *dem* Lehramt ist (möglicherweise auch vor allem mit Menke), verfälscht das Evangelium. Wieder begegnet die Wahrheit der menschlichen Freiheit *von außen*, dieses Mal in der Gestalt des Lehramtes, das *die* durch Offenbarung wieder offenbar gewordene Wahrheit objektiv gültig bezeugt. Zu der Israel-Theologie, die Menke hier beiläufig einstreut, möchte ich mich nicht äußern.

Oder doch Ordnung aus Freiheit?
Eine nominalistische Alternative

Wenn man verstehen will, woher der Grunddissens auf dem ‚Synodalen Weg' herrührt, lohnt es sich, diese von Menke betriebene Logik nachzuvollziehen. Es wird dann klar, warum es keine gemeinsame Gesprächsebene geben kann. Wer die Offenbarung aus einer Lehramtshermeneutik des wahren Evangeliums liest, wird im Römischen Erwachsenenkatechismus eindeutig fündig. Und so erklärt sich selbstverständlich auch, warum es keine Frauenordination geben kann: Weil Johannes Paul II. endgültig festgestellt hat, dass dies nicht dem Willen Christi entspricht. Wer dies nicht einsieht oder gar bestreitet, konstruiert sich seine eigene theologische Gedankenwelt – und sündigt: Denn das, was nicht nur zu glauben, sondern der menschlichen Vernunft als Wahrheit vorgegeben und mit der Vernunft zu akzeptieren ist, ist objektiv wahr. Bezeugt, und deshalb bezeugt, weil rational eingesehen, vom römischen Lehramt; dazu befähigt und autorisiert von Christus selbst.

Ich muss Menke zugestehen, dass er sehr genau sieht, wie stark ich nominalistische Denktraditionen gewichte. Bezogen auf die historische Rekonstruktion dessen, was er als Nominalismus mit den Namen Duns Scotus und Wilhelm von Ockham vorführt, möchte ich mich nicht äußern; das scheint mir doch eher abenteuerlich zu sein.[38] Dennoch kann an der (im Übrigen deutlich an Ratzinger angelehnten) Auseinandersetzung darüber, ob freiheitstheoretisch an nominalistische Denkfiguren anzuschließen ist, sehr präzise der Kern der Auseinandersetzung erschlossen werden, um den es geht. Letztlich ist es der alte Konflikt um das Reizwort ‚Autonomie', der hier wiederkehrt. Worum geht es?

Während Augustinus, trotz des zunehmenden Einflusses des Thomas von Aquin, die theologische Denkwelt dominierte, erkannten andere, dass diese weder in einer konzisen Weise die Freiheit Gottes noch die des Menschen denken konnten. Der Konfliktpunkt richtete sich darauf, ob man Gott eine absolute Freiheit zusprechen müsse oder ob dieser sein Wesen mit einer inneren Notwendigkeit vollziehe. Letztere Variante war die bis ins ausgehende 13. Jahrhundert hinein nahezu selbstverständlich angenommene. Wenn Gott aber sein Wesen notwendig vollzieht, so muss gefragt werden, ob er eigentlich frei sich selbst gegenüber ist und deshalb überhaupt frei genannt werden darf. Spätestens dann, wenn nach dem Grund gefragt wird, warum sich Gott dem Menschen zuwendet, werden die Probleme deutlich. Solange man am „griechischen Verständnis der Freiheit Gottes" festgehalten habe, habe „man sich ein unmittelbares Handeln Gottes im Verlauf der Heilsgeschichte nicht vorstellen" können, „weil das unausweichlich den Gedanken zur Folge gehabt hätte, daß Gott in den Ablauf der Ereignisse eingreift und so von ihnen abhängig" werde. Deshalb habe man sich „die Heilsgeschichte nur als sukzessive Verwirklichung dessen denken" können, „was in Gott schon als ganzes ewig und unwandelbar, eben in Form der göttlichen Ideen, vorausgedacht" gewesen sei.[39] Die damit aufgeworfene Frage lautet dann aber, ob die Geschichte überhaupt als freie zu denken ist oder aber sich mit einer deshalb ehernen Notwendigkeit vollzieht, weil Gott durch keine geschichtlich kontingenten Ereignisse betreffbar sein darf. Gäbe es auch für Gott unvorhersehbare, in der Freiheit des Menschen gründende Ereignisse, so müsste er sich zu diesen *verhalten*. Umgekehrt kann gefragt werden, ob Gott überhaupt frei ist, wenn er als abhängig von einer kontingent verlaufenden und damit auch für ihn nicht vorhersehbaren Geschichte zu begreifen wäre, auf die bezogen er reaktiv tätig ist.

Ockham findet eine Lösung, um die Freiheit Gottes zu denken, mit der er weit über religionsphilosophische Fragen hinaus eine immense Wirkungsgeschichte erzielen wird. Es muss in ihr ein Moment gedacht werden, das sie zu jedem Zeitpunkt jedenfalls formal voraussetzungslos sein lässt, wenn sie sich bestimmt. Deshalb besteht Ockham auf der Figur des *de potentia Dei absoluta*. Wenn es deshalb eine Kontinuität im Handeln Gottes gibt, dann aufgrund seiner Selbstbindung an bisheriges kontingentes Handeln. Ob Ockham wirklich schon diese radikale Verschärfung im Denken der Freiheit Gottes bis in die letzte Konsequenz durchgeführt hat, ist eine Frage der Ockham-Exegese, die mich hier jetzt nicht weiter beschäftigen muss. Wenn Gott nicht doch wieder notwendig sein eigenes Wesen vollziehen soll, sondern dieses gerade darin besteht, so radikal frei zu sein, dass auch das, an was sich dieser Gott bindet, von ihm selbst hervorgebracht sein muss, dann gilt dies auch für die Differenz von Gut und Böse. Dies ist noch nicht Ockham, aber meines Erachtens konsequent. Gleichzeitig ist dieser Gedanke – bei aller Abgründigkeit, die sich hier andeutet, denn immerhin gibt es dann auch die Möglichkeit für Gott, anders zu wollen als bisher – faszinierend: Denn ist der Gedanke nicht faszinierend, wenn man den Grund für die Schöpfung mit dem *vult alios habere condiligentes* bestimmt, dass Gott in bleibender absoluter Freiheit auch sich selbst und seinem Schöpfungsmotiv gegenüber treu bleibt? Dass er von Anfang an dazu entschieden war, einem in seiner Schöpfung ihm begegnenden *alter Ego* begegnen zu wollen?

Gott und das unbedingte Sollensgebot

Ich komme zu Menke zurück. Wenn ich gerade an Ockham erinnert, ihn sogar noch einmal in dem Punkt spekulativ verschärft habe, dass auch Gott das Gute nicht wesensnotwendig, sondern nur frei tun kann, ihm also auch das Gegenteil von dem möglich sein können muss, was dem Menschen als moralisch gut und deshalb richtig gelten kann, so mag dies abwegig erscheinen. Dies ist es aber bei näherem Hinsehen gerade nicht. Es geht um die Frage, unter welcher Bedingung Moralität überhaupt möglich wird. Dass ein Gott, der nicht ethisch sensibel und insofern moralisch ist, als er auf die Belange des Menschen Rücksicht nimmt, kein Gott für den Menschen sein darf, sollte selbstverständlich sein. Wer dies zur Disposition stellt, sollte sich um seine eigene Moralität Sorgen machen. Selbst wenn Menschen wissen, dass sie ihrem moralischen Anspruch an sich selbst nie genügen werden, sie immer wieder daran scheitern, sollten und dürfen sie Gott nicht von diesem entlasten. Ein nicht heiliger, in vollkommener Übereinstimmung mit dem Moralgesetz, das vom Menschen als unbedingt gelten sollend eingesehen ist, existierender Gott *darf* kein Gott für den Menschen sein, *wenn das* in diesem *Gesetz* enthaltende Sollensgebot *als Unbedingtes bejaht* ist.

Wie bereits gesehen, ist die menschliche Freiheit für Menke nur dann wahrhaft frei, wenn sie *eine ihr vorgegebene* Wahrheit verwirklicht. Erinnert man den Kontext, in dem Menke seine Überlegungen zum Verhältnis von Wahrheit und Freiheit anstellt, so geht es um praktische Normen, die dem Menschen als unbedingt zu befolgen vorgegeben sind. Ihren sie legitimierenden Grund haben sie in Gott selbst, der damit dem Menschen in einer für diesen normativ verbindlichen Weise vorgibt, wann er wahrhaft frei ist beziehungsweise sich auf Abwegen befindet. Dazu ist mindestens zweierlei zu bemerken: (1) scheint Menke davon auszugehen, dass das, was dem Menschen inhaltlich normativ vorgegeben ist, auch ohne explizites Gottesbewusstsein gewusst ist. Gleichwohl muss man sich darüber im Klaren sein, dass er faktisch die Möglichkeit verstellt, sich auf ein nicht-religiös legitimiertes Staats- und Gesellschaftssystem und damit auf eine liberale, Pluralität in Lebensentwürfen zulassende Demokratie einzulassen. Denn das, was dem Menschen als zu leben – Menke spricht hier von Wahrheit – vorgegeben ist, hat seinen letzten Grund in Gott. Dann ist (2) anzumerken, dass das, was Menke zu denken versucht, rein logisch nicht möglich ist. Denn um eine Wahrheit *für mich als meine Wahrheit* akzeptieren zu können, muss ich sie in mir als die mich überzeugende Wahrheit hervorbringen.[40] Mit einem Konstruktivismus hat dies nichts zu tun. Ich kann mich nur in ein Verhältnis zu etwas setzen, das ich verstehe und das ich, zumal dann, wenn es sich um ethische Normen handelt, auch geprüft habe; ich muss sie deshalb, weil Menschen soziale Wesen sind, zugleich vor anderen rechtfertigen können. Verweigere ich mich dem, so weigere ich mich, diese als freie Menschen anzuerkennen, die ein Recht darauf haben, selbst begründet entscheiden zu dürfen. Ohnehin muss ja klar sein, dass nur deshalb darum gestritten wird, welche Normen für die Individuen und das soziale Leben maßgeblich sein sollen, weil es einen manifesten Streit um diese Fragen gibt.

Dass es im Selbstverständnis des Lehramtes ein solches Recht, selbst prüfen zu dürfen, nicht gibt, ist richtig. Anderen das eigene Denken abnehmen zu wollen und für diese entscheiden zu wollen, könnte aber auch ein unmoralisches Angebot sein.

Lehre unter Rechtfertigungsdruck – um der Moralität willen

Rainer Forst hat für meinen Fragekontext, der letztlich lautet: Warum überhaupt gibt es auf dem ‚Synodalen Weg‘ einen Dissens?, eine analytisch ertragreiche Unterscheidung vorgenommen. Er spricht einerseits von der *„normalisierende(n) Normativität* der eingelebten, oft ungeprüften Rechtfertigungen, von denen einige sogar so gepanzert sein mögen, dass sie sich gegen die weitere Infragestellung"* abschotteten.[41] Betrachtet man die katholische Kirche als ein soziales System, so war eine solche *„normalisierende Normativität"* über lange Zeit wirksam. Offensichtlich erodiert sie aber auch bereits seit geraumer Zeit. Wenn man nur auf die Zeit nach dem Zweiten Vatikanischen Konzil schaut, dann hat es derart viele Maßnahmen gegeben, die den Gläubigen einschärfen sollten, anzuerkennen, was lehramtlich als anzuerkennen vorgegeben wurde, dass man kaum anders kann, als zu dem Fazit zu kommen, dass es diese *„normalisierende Normativität"* nicht mehr gibt. Bezogen auf den Weltkatechismus der katholischen Kirche, der eben auch die Funktion haben sollte, nochmals eine innerkirchliche Normalität herzustellen, wird man schlicht sagen müssen, dass der angezielte Effekt sich nicht eingestellt hat. Forst unterscheidet von dieser Form von Normalität „die Welt der reflektierten Normen, die als gerechtfertigt gelten dürfen".

Exakt diese Situation stellt sich auf dem ‚Synodalen Weg‘ dar. Was faktisch gilt, weil es im Weltkatechismus und im CIC entsprechend ausgewiesen ist, sieht sich mit einer „Welt des kontrafaktisch Geltenden" konfrontiert, die aber nicht notwendig der von Joseph Ratzinger heraufbeschworenen „Diktatur des Relativismus" entsprungen ist. Aus diskursiven Prozessen hervorgegangen, gab es Gründe dafür, die bisherige *„normalisierende Normativität"* einer Kritik zu unterziehen. Menke nimmt an diesen Diskursen munter teil, so wie auch andere, die im ‚Synodalen Weg' den Abfall vom wahren katholischen Glauben sehen. Nicht zu unterschlagen ist aber, dass auch sie die Rechtfertigung ihrer ‚Wahrheit' in der eigenen Instanz vornehmen. Gerne können sie sich auf das authentische Lehramt berufen, die eigene Instanz als Letztinstanz damit verneinen. Aber schon die Überzeugung, dass es das von Christus selbst eingesetzte authentische Lehramt gibt, das in der Lehrkompetenz des Bischofs von Rom sein ontologisches Monopol hat, aus dem sich jede andere bischöfliche Lehrautorität ableitet, wird in der Instanz der eigenen Autorität behauptet.

Der systematisch gravierendste Einwand gegen Menke lautet aber (3), dass er die Einsicht moderner Moralphilosophie schlechthin mit seiner Zuordnung von Wahrheit und Freiheit unterläuft. Moralisch sein kann ich nur dann, wenn ich innerlich mit dem übereinstimme, was mir in ethischer Hinsicht einleuchtet. Das Gegenargument, darauf hätten sich auch Menschheitsverbrecher berufen, ist billig. Zwar ist es in der Tat abgründig, was Menschen in der Geschichte angerichtet haben und bis heute anrichten. Was das sei, hat Georg Büchner George Danton in Dantons Tod sich selbst fragen lassen, was es ist, „was in uns hurt, lügt, stiehlt, und mordet"[42]. Im historischen Kern einer Moderne, in der Gott zu einer fragilen Größe wurde, wurde sehr genau gesehen, wie abgründig das *animal rationale* ist, das Mensch genannt wird, wenn es um das Böse geht. Gleichzeitig brauchte es keinen Gottesrekurs mehr, um klare Kriterien dafür zu benennen, wenn es darum ging, das Böse als das Böse zu identifizieren und beim Namen zu nennen. Diese wurden jetzt aber autonom generiert. Weil zum einen nichts anderes übrigblieb, weil der angeblich omnipräsente Gott sich doch recht enthaltsam zeigte, wenn Menschen in ihrer Not zu ihm schrien, zum anderen es auch gar keines Gottes bedurfte und bedarf, um sich selbst dahingehend zu normieren, einen jeden Menschen „niemals bloß als Mittel, sondern zugleich selbst als Zweck zu gebrauchen". Der Mensch sei „zwar unheilig genug", aber: „die Menschheit in seiner Person muss ihm heilig sein", was bedeutet: jeder Mensch ist „als Zweck an sich selbst" zu betrachten.[43] Das meint Autonomie.

Es gehört zwar zur alltäglichen Erfahrung, dass Menschen daran scheitern, ein Argument dagegen, dass Moralität und freie Selbstnormierung sich einander bedingen, lässt sich daraus aber nicht entwickeln. Wohl aber dafür, dass der Glaube an einen Gott, der noch Versöhnung schaffende Möglichkeiten hat, eine anthropologisch ausweisbar gute Option ist. Dazu mehr in den Schlussausführungen.

III. Amtscharismaentzug oder: Warum die Kirche unvermeidlich ein Debattierclub bleiben wird

Dass es kognitive Konflikte bis hin zu Verwerfungen zwischen der Theologie und dem Lehramt gibt, ist historisch betrachtet nichts Neues. Man muss nur an die Auseinandersetzungen im 13. Jahrhundert um die Frage erinnern, ob die Welt nicht doch ewig sein könnte, anstatt sich einem freien Schöpfungsakt Gottes zu verdanken, so dass sie nur deshalb sei, weil Gott sie wollte. Thomas von Aquin hat aus philosophischen Erwägungen heraus stark zu der Ewigkeitsthese geneigt, was beinahe dazu geführt hätte, dass er lehramtlich sanktioniert worden wäre. Wäre er nicht frühzeitig verstorben, so dass es in der Auseinandersetzung um die Verurteilung einiger Thesen durch den Bischof Tempier 1277 nicht mehr zu einem direkten Konflikt um seine Theologie kam, wäre die Geschichte möglicherweise anders verlaufen. Nach seiner Heiligsprechung im Jahr 1323 sah die Situation natürlich endgültig anders aus. Thomas begann sich immer mehr als der Kirchenlehrer schlechthin durchzusetzen. Nachweislich findet sich aber Gedankengut von ihm in den verurteilten Thesen.[44] Wie ist dann aber zu verstehen, dass er durch Papst Leo XIII. 1879 zum Maß der Theologie überhaupt erklärt wurde?[45]

Anders endeten die Auseinandersetzungen, die Martin Luther auslöste. Prangerte er einerseits die realen – man wird es wohl kaum anders sagen können: verkommenen – Zustände in der kirchlichen Hierarchie an, so gab es eben auch harte theologische Auseinandersetzungen, die nicht

64

gelöst werden konnten. Das Ende ist bekannt. Bezogen auf die römisch-katholische Kirche ist zu sagen, dass es zwar eine klare Kompetenz- und Entscheidungsaufteilung gibt, wenn es um theologische Fragen geht. Sie ist klar hierarchisch organisiert. Es gibt das authentische bischöfliche Lehramt, sofern es sich in Übereinstimmung wissen darf mit dem Bischof von Rom. Auch Konzilsbeschlüsse sind nur dann verbindlich, wenn dortige Entscheidungen vom Papst mitgetragen werden. Kam es zu Konflikten mit der Theologie, so war klar, wie diese gelöst wurden. Das Lehramt entschied, und wenn jemand theologisch abwich und sich nicht korrigierte, wurde die Person sanktioniert. Immer wieder kam es zu entsprechenden Sanktionierungen; der Fall Hans Küng stellt vermutlich die nachhaltigste historische Erinnerung im 20. Jahrhundert dar. Bis heute wissen jedenfalls Interessierte an der katholischen Kirche, wer Hans Küng war.

Medien auf der Seite der Lehramtskritiker?

In einem Artikel in der *Frankfurter Allgemeinen Zeitung* vom 6.7.2022 haben Helmut Hoping und Jan-Heiner Tück nochmals an diesen Fall erinnert. Seither sei der „öffentliche Religionsintellektuelle, der kritisch gegen vermeintlich beratungsresistente Repräsentanten des romischen Lehramtes Position" beziehe, „eine beliebte Figur, die von den Medien gern zum Zweck der Dissonanzverstärkung präsentiert"[46] werde. Ob *die* Medien dies tun, ist eine empirische Frage. Die von Hoping und Tück gemachte Beobachtung ist insofern etwas widersprüchlich, als ihre Beobachtung zur „Dissonanzverstärkung" ja immerhin in der *Frankfurter Allgemeinen Zeitung* publiziert werden konnte. Ganz so auf eine, wie es aus politischen Kreisen zu hören ist, linksliberale Linie scheint die Presse noch nicht gebracht zu sein.

Nur beiläufig möchte ich anmerken, dass in liberalen Demokratien die freie Presse eine maßgebliche Rolle spielt. Gäbe es sie nicht, würden weder die in der Öffentlichkeit stattfindenden Meinungsbildungsprozesse noch das Prinzip der Gewaltenteilung funktionieren und ganz bestimmt würden viele Rechtsbrüche und Skandale nicht öffentlich werden. Es war eine unerschrockene, freie Presse, die zuerst in Irland und dann in den USA den massenweisen sexuellen Missbrauch von Minderjährigen durch Kleriker angeprangert hat, so dass das Schweigen durchbrochen wurde. Auch in Deutschland war dies nicht anders. Ohne den medialen Druck gäbe es bis heute keine Aufarbeitungsprozesse. Ob es ihr gefällt oder nicht, es kommt in liberalen Gesellschaften auch dazu, dass eine das Kirchensystem bestimmende Theologie öffentlich diskutiert und medial begleitet wird. Davor wird man sie auch nicht schützen können, wenn man meint, Theologie lehramtskonform an kirchlichen Hochschulen lehren zu wollen. Zumindest so lange nicht, wie sie überhaupt noch in der Öffentlichkeit wahrgenommen wird. Wird sie aber innerhalb eines staatlichen Wissenschaftssystems betrieben, so hat sie sich automatisch viel härteren Anfragen zu stellen. Sie muss sich dann behaupten, sich anderen Wissensdiskursen aussetzen und nichttheologisches Wissen in sich integrieren. Da an staatlichen Universitäten immer auch die Frage nach den normativen Grundlagen der kommenden Gesellschaft ausgehandelt wird, wird die Theologie notwendig in die diese Frage aushandelnden Diskurse verwickelt. Werden diese Diskussionen zurückgespiegelt in die Kirche, so werden diese schon insofern wirksam, als an den Universitäten das Personal von morgen ausgebildet wird; dies hat Folgen.

Die katholische Kirche gerät so in eine eigentümliche Situation. Als global aufgestellte Kirche agiert sie unter den Bedingungen unterschiedlichster Staats- und Gesellschaftssysteme. Sind diese autoritär aufgestellt, so muss zwar das Verhältnis von Staat und Kirche austariert werden. Aber nach innen hin kann die hierarchische Leitungsebene der Kirche so lange ungestört agieren, wie nicht vom Staat bestimmte Belange berührt sind. In liberalen Gesellschaften stellt sich die Situation völlig anders da. Hier wird die Kirche nach innen hin so lange in Ruhe gelassen, wie es nicht zu Kollisionen mit anderen vom Staat geschützten Rechtsgütern kommt. In Deutschland ist dies so der Fall. Wie andere Akteure auch, nimmt die katholische Kirche das religionsverfassungsrechtlich garantierte Recht auf kooperierte freie Religionsausübung wahr. Sie kann als Ortskirche also die vom Kirchenrecht vorgesehene strenge Hierarchie nach innen hin praktizieren. Dass sich dies faktisch verändert – wie daran abzulesen ist, dass Druck auf das kirchliche Arbeitsrecht ausgeübt wird – hängt damit zusammen, dass sich die gesellschaftlichen Rahmenbedingungen in den letzten Jahren verändert haben und es zu Verschiebung in der Gewichtung von Rechtsgütern gekommen ist. Wenn aber jetzt zur Verstetigung des ‚Synodalen' Wegs darüber nachgedacht wird, einen auf Dauer gestellten Synodalen Rat einzurichten, dann hängt dies mit ganz anderen Verschiebungen zusammen. Hoping und Tück wollen zwar nicht das „Gespenst einer theologischen Expertokratie an die Wand malen", „die den Glauben an volatile wissenschaftliche Majoritätskonsense" binde. Gleichwohl zeichne sich „im Verhältnis von Theologie und kirchlichem Lehramt derzeit eine Kompetenzverschiebung mit erheblichem Konfliktpotenzial ab."[47] Dazu ist zunächst zu bemerken, dass der gelebte Glaube sich immer nur sehr begrenzt an der institutionalisierten Theologie orientiert hat. Von daher war eine „Expertokratie" noch nie eine prominente Gefahr in der Kirche. Zumal ja auch gar nicht klar ist, wer hier als mögliches Gespenst beschworen wird. Theologieprofessor:innen auf dem ‚Synodalen Weg'? Oder doch eher Theologen, die sich Joseph Ratzinger/Benedikt XVI. und damit einer Theologie intellektuell verpflichtet sehen, die ihre Wurzel in einem anthropologischen Pessimismus hat, der lehramtlich begleitet werden muss?

Der gelebte Glaube geht doch in meiner Beobachtung ohnehin recht eigenständige Wege. Sollten die Letztgenannten die Experten sein, dann wird man nüchtern feststellen müssen, dass die Out-in-Church-Verfechter:innen sich nicht mehr beeindrucken lassen. Und es bleiben mir auch Zweifel, ob in den Amazonasgebieten, die vor noch wenigen Jahren eine intensive kirchliche Aufmerksamkeit erfuhren, Fragen so intensiv diskutiert werden, wie dies hierzulande geschieht. Aber ist das so schlimm? Die Situation ist eigentümlich.

Aufruf zur bischöflichen Autoritätsausübung

Hoping und Tück beobachten aber noch einen ganz anderen Prozess. Nur bin ich nicht sicher, ob sie ihn richtig einschätzen.

Wenn sie von einer Kompetenzverschiebung sprechen, meinen sie vermutlich etwas anderes: Sie beobachten, dass sich auf der nichtbischöflichen Ebene der Anspruch erhebt, theologisch kompetenter zu sein, als dies auf der Lehramtsebene der Fall ist. Den Theologen werde deshalb „zusammen mit dem Glaubenssinn der Gläubigen die Aufgabe zugewiesen, die geforderten Schritte für eine nachholende Selbstmodernisierung der katholischen Kirche in Deutschland gegenüber Bischöfen durchzusetzen"[48]. Von wem den Theologen diese Aufgabe ‚zugewiesen‘ wird, bleibt freilich unklar. Bischöfe können dies in der Logik ihrer Überlegungen nicht sein, da diesen ja angeblich ihre Kompetenzen strittig gemacht werden sollen. Oder aber es sind doch jedenfalls einzelne Bischöfe, die Theologen für ihre kirchenpolitischen Interessen einspannen. Dann gibt es aber keine Kompetenzverschiebung, sondern eine Verweigerung von Bischöfen, dem Papst oder auch dem CIC oder auch dem Katechismus der katholischen Kirche ohne eigenes, selbst prüfendes Denken Gehorsam leisten zu wollen. Ebenso bleibt unklar, was ‚der‘ Glaubenssinn der Gläubigen – es wird der Singular gebraucht – sein soll. Nimmt man die Gesamttendenz der Überlegungen von Hoping und Tück, so könnte man auf die Idee kommen, dass der Sinn der Gläubigen gemeint ist, die eine andere Kirche wollen. Aber dann müsste zumindest gesagt werden, dass der Sinn dieser Gläubigen nicht aus dem rechten Glauben kommen kann. Jedenfalls dann nicht, wenn sie – wider besseres Wissen, dass die Kirche nicht die Vollmacht hat, Frauen zu Priesterinnen zu weihen – dennoch das Frauenpriestertum fordern. Oder aber es ist der Sinn von Gläubigen gemeint, die gerade keine andere Kirche fordern. Um die Gruppe derer zu benennen, sei auf die *Tagespost* verwiesen. Diese Gruppe wird aber wohl kaum eine Koalition mit Theologen bilden, die gemeinsam für die „nachholende Selbstmodernisierung der Kirche in Deutschland gegenüber den Bischöfen" sorgen soll. Ganz im Gegenteil bedrängen Vertreter dieser Gruppe Bischöfe, endlich wieder Romtreue zu zeigen. Es ist verwirrend. Insgesamt scheint die Lage verwirrend zu sein.

Um aus der Verwirrung herauszukommen, dürfte auch der nicht neue, auch von anderen zu hörende Hinweis von Hoping und Tück wenig zielführend sein, dass es sich bei der katholischen Kirche „nicht um einen Zusammenschluss unabhängiger Nationalkirchen" handele, „die in Lehre und Disziplin ganz unterschiedliche Wege gehen könnten, sondern um eine Weltkirche, die in und aus Ortskirchen besteht und von der universalen Gemeinschaft der Bischöfe in der Einheit mit dem Bischof von Rom aus geleitet wird."[49] Dies ist dogmatisch und kirchenrechtlich richtig. Aber was bedeutet es? Soll dann, wenn lehramtliche Positionierungen als diskriminierend identifiziert werden, solange global weiter diskriminiert werden, bis in der Universalkirche die Einsicht gewonnen ist, dass es sexuelle Identitäten gibt, die nicht der sich als heterosexuell identifizierenden Mehrheitsgesellschaft angehören und die dennoch selbstverständlich in Freiheit gelebt werden dürfen? Und was passiert, wenn es auch an anderen Stellen zu kognitiven Dissonanzen kommt? Möglicherweise auch jenseits von moralphilosophischen Fragen, beispielsweise in Fragen, die viel stärker glaubenshermeneutischer Natur sind? Etwa in der Frage, ob es nicht doch eine Heilshoffnung für alle Menschen geben könnte? Hat sich im historischen Prozess nicht auch das Lehramt in zentralen Positionen korrigiert?

Gott und der Glaube

Es sind beiläufige Bemerkungen, die auch bei Hoping und Tück aufmerksam werden lassen. Wenn man den Theologiebegriff ernst nehme, so heißt es bei ihnen, dann hätten es Theologische Fakultäten „mit Gott zu tun oder –

anthropologisch gewendet – mit dem Glauben an ihn und seiner Offenbarung". Ohne „zu glauben, dass Gott existiert und sich den Menschen durch Offenbarung zu erkennen gegeben" habe, sei „Theologie im konfessionellen Sinne zu betreiben (…) ein hölzernes Eisen".[50]

Das stimmt, und bis heute wird über dieses Argument die Abgrenzung der Disziplin der Theologie zu anderen Disziplinen religionsbezogener Forschung vorgenommen. Was aber so klar zu sein scheint, verliert sofort an Klarheit, wenn man zurückfragt. Beide scheinen zunächst ganz auf der Linie des bereits zitierten Rainer Forst zu liegen, dergemäß ein „vernünftiger Glaube" wisse, dass er „ein *Glaube*" sei.[51] Damit scheinen auch Hoping und Tück die Kritik aller nur möglichen Gottesbeweisversuche Kants zu akzeptieren, dass die menschliche Vernunft in dem Versuch, die Existenz Gottes – und das ist bei Kant der freie Gott, d.h. der Gott, der aufgrund der Bedürfnisstruktur des Menschen diesem als rettende und Gerechtigkeit herstellende Wirklichkeit entgegenkommt – zu beweisen, ihre eigene Abgründigkeit erkennt. Es bleibt zwar denkerisch erlaubt, diesen Gott zu postulieren. Ob er aber existiert, muss offenbleiben. Wenn man dies akzeptiert, so hat dies weitreichende Konsequenzen.

Zunächst folgt daraus, dass nicht mehr umstandslos von Offenbarung gesprochen werden kann. In der kirchlichen Überlieferungstradition geht man zwar selbstverständlich davon aus, dass Gott sich im Leben des Juden Jesus (wobei das *Jude*sein Jesu über viele Jahrhunderte in der kirchlichen Verkündigung überhaupt keine Rolle gespielt hat[52]), seiner Verkündigung und seinem Tod selbst offenbart hat. Der Glaube und damit auch der Begriff von dem Gott, der sich hier offenbart hat, erfährt seine Bestimmtheit von diesem Ereignis her. Ist aber die Existenz des freien Gottes schon nicht mit zureichenden Gründen zu beweisen, dann folgt eines zwingend: Wenn von *Offenbarung* gesprochen wird, so auf der Basis einer *Interpretation* des Lebens Jesu. Jede Interpretation führt die Unsicherheit mit sich, ob sie ihren Gegenstand angemessen interpretiert. Dies war ursprünglich so, als man in den ersten Generationen nach dem Tod Jesu zu verstehen versuchte, worin die Bedeutung dieses Menschen und seines Lebens bestand. Und dieser Prozess dauert bis heute an. Selbstverständlich könnte es auch sein, dass es im historischen Verlauf dieses Interpretationsprozesses zu Fehlinterpretationen gekommen ist, die nun aber als Vorverständnis derer, die heute ihren Glauben zu verstehen versuchen, mitbestimmend sind. Ob es in der Kirche deshalb eine verlässliche Interpretationssicherheit gibt, weil sie von Christus her lebt oder auch geistbegleitet nicht irren kann, ist wiederum sehr zweifelhaft. Es wurde im historischen Prozess korrigiert – das jedenfalls ist sicher.

Keine letzte Sicherheit – aber wissenschaftssystemtauglich

Deshalb halte ich zwar mit Hoping und Tück daran fest, dass von einer singulären Inkarnation des einen Gottes als der Mensch Jesus zu reden ist (wenn dies auch nicht zwingend so sein muss), bestehe aber darauf, dass die eigentliche hermeneutische Arbeit dann erst anfängt. Jedenfalls warne ich mit Nachdruck davor, von der Offenbarung zu reden und zu meinen, derzeitige Debatten, wie sie auf dem ‚Synodalen Weg‘ geführt werden, könnten damit für beendet erklärt werden, weil bereits alles entschieden sei. Schließlich habe sich Gott ja offenbart und damit auch seinen Willen definitiv kundgetan, so läuft das Argument bei Hoping und Tück. Wenn der Glaube aber ein *Glaube* ist, dann kann es keine letzte Sicherheit in glaubenshermeneutischen Entscheidungen geben. Man kann gute Gründe für bestimmte Entscheidungen aufbringen, und *wenn* das Leben und Sterben Jesu als Selbstoffenbarung Gottes interpretiert wird, dann hat erst recht immer wieder die historische Rekonstruktionsarbeit daran einzusetzen, was über dessen Gottesverkündigung gewusst werden kann. Von geschichtlicher Offenbarung zu reden zwingt dazu, historisch zu werden und sich zu vergewissern, was dieser Jude aus Nazareth gewollt hat, selbst wenn diese Vergewisserungsarbeiten methodisch schwierig sind, weil der historische Jesus den Nachgeboren nur noch über die historischen Quellen zugänglich ist, die ihn bereits theologisch deuten. Unverzichtbar sind sie dennoch. Ob man die Entscheidung darüber, was letztlich zu sagen ist, an eine einzige Instanz delegieren sollte, die dann in der katholischen Tradition das Lehramt heißt, scheint mir zumindest riskant zu sein.

Gleichzeitig plädiere ich weiter dafür, keinen Gegensatz aufbrechen zu lassen zwischen dem, was als das Recht der Freiheit ausgeführt wurde, und dem Glauben, weil dies gleichbedeutend wäre mit einem ethisch-moralischen Abverkauf des Glaubens. Entweder es gibt dieses Recht auf Freiheit oder es gibt es nicht. Mein entscheidendes theologisches Argument lautet aber, dass sich dieses Recht zwar nicht in einer reflexiv-ausformulierten Weise in den biblischen Traditionen des Gottdenkens findet – und auch Jesus hat dieses Recht nicht philosophisch auf den Begriff gebracht. Er hat Gleichnisse erzählt, nicht einmal die antike Philosophie hat er gekannt, geschweige denn, dass er hätte ahnen können, wie die ideengeschichtlichen Prozesse laufen würden.

Aber er war auch ein Verfechter von Ambiguität[53], schaute sensibel auf die Biographien der Menschen, die bei ihm Ruhe suchten – und er machte keinen Unterschied zwischen Menschen, auch wenn er entschieden auf der Seite derer stand, die nicht auf der Sonnenseite des Lebens stehen, übersehen waren oder gar zynisch marginalisiert wurden. Dies ernst nehmend lässt sich sehr wohl ableiten, dass auch Jesus für das Recht von Menschen gekämpft hat, sich entfalten zu dürfen. Dass dies unter völlig anderen kulturellen, gesellschaftlichen und sozioökonomischen Konstellationen geschah, ist ohnehin klar. Die antiken Gesellschaften waren patriarchal organisiert; wenn es um Frauen und Kinder ging, dann waren vor allem Rechts- und Eigentumsfragen im Blick. Jesus zeigt hier eine andere Sensibilität. Er egalisiert, sieht in jedem menschlichen Antlitz das Bild Gottes und damit dessen *alter Ego*.

Es ist diese Sicht auf den historischen Jesus, von der die geprägt sind, die auf dem ‚Synodalen Weg' eine andere Kirche wollen. Nur: Wer entscheidet, was innerhalb der Kirche gelten soll? Wenn es einen wissenschaftlichen Dissens darüber geben sollte, ob diese sicherlich sehr verdichteten Rekonstruktionen dessen, was über den historischen Jesus zu wissen ist, stimmen, dann muss der Dissens geklärt werden. Nur hoffe ich nicht, dass er zuungunsten dieser Rekonstruktion ausfällt. Denn *wenn es ein Recht auf Freiheit gibt, dann gilt dies unbedingt*. Ich sehe aber auch überhaupt nicht, wie die Verkündigung Jesu anders rekonstruiert werden sollte.

Zwischenbeobachtungen zur Entscheidungsfindungskultur auf dem Synodalen Weg

Wer aus der Beobachterperspektive Debatten auf dem Synodalen Weg verfolgt, könnte den Eindruck gewinnen, dass es mehrheitlich nicht die Bischöfe sind, die sich deutlich äußern. Ausnahmen bestätigen eher die Regel. Wenn sich Synodale mit fachtheologischer Ausbildung äußern, sind es zumeist Laien. Dies macht nachdenklich. Denn spätestens dann, wenn es auf Entscheidungen zuläuft, kommt aufgrund von *Lumen Gentium* und dem geltenden Kirchenrecht klar den Bischöfen die Lehrkompetenz zu. Wenn fachtheologische Überlegungen den Status von Lehre gewinnen, dann deshalb, weil diese bischöflich angeeignet wurden und damit ein sie legitimierendes Autorisierungsverfahren durchlaufen haben. Interessanterweise akzeptiert dies auch die Geschäftsordnung des Synodalen Wegs. Dass den Bischöfen am Ende die Entscheidung zusteht, dokumentiert sich darin, dass mehrheitlich gefasste Entschlüsse im Plenum auch noch eine 2/3-Mehrheit im Bischofskollegium finden müssen. Niemand zweifele die bischöfliche Autorität an, ist selbst bei denen zu hören, die ansonsten deutlich auf Reformkurs sind.[54]

Möglicherweise kommen aber auch andere Kompetenzen ins Spiel als fachtheologische, wenn Bischöfe nachdenken und entscheiden. Allerdings wüsste ich dann gern, wie genau das Zusammenspiel dieser Kompetenzen mit wissenschaftlich-theologischen Kompetenzen zu denken ist. Taucht ein Dissens auf zwischen der Mehrheit der Fachtheologie und dem, was das authentische Lehramt als zu glauben vorgibt, sodass man nüchtern konstatieren muss, dass das Lehramt offensichtlich wissenschaftliche Überlegungen nicht akzeptieren konnte, gibt es jedenfalls ein Problem. Entweder es trägt überzeugende Gründe vor, warum es sich anders positioniert als die wissenschaftliche Theologie. Dann wäre es eine wissenschaftliche Auseinandersetzung, die sich so auch tagtäglich im System der Wissenschaften ereignet. Die Kurzformel für Wissenschaft heißt schließlich Kritik, um so zu einem belastbareren oder gar besseren Wissen zu kommen. Ganz offensichtlich beansprucht das Lehramt aber mehr, als ein Player unter anderen in der Kirche zu sein, wenn es um theologische Konflikte geht. Das Zusammenspiel von Lehramt und Theologie als Wissenschaft scheint nicht immer auf derselben Ebene stattzufinden, und dies dann zuungunsten der Theologie (wobei dies in der Introspektion des Lehramtes so nicht beschrieben werden darf und wird: Weil es von Christus selbst als Wahrheitsinstanz eingesetzt ist, entscheidet es gegen reine Behauptungen der dann wohl nur noch angeblichen theologischen Wissenschaft zugunsten des Heils der Gläubigen). Gleichzeitig fragt man sich aber als Laie, nach welchen Kriterien es entscheiden will, wenn nicht nach theologischen. Ich möchte im Folgenden die These vertreten, dass es ein ‚doppeltes Lehramt‘ (Martin Rhonheimer) – was der ‚Orientierungstext‘ des ‚Synodalen Wegs‘ auch nicht behauptet hat – gar nicht geben kann, sondern nur gut begründete theologische Optionen und schlechter begründete Optionen – und dass auch das Lehramt nur eine theologische Option vertreten kann.

Deshalb: Wie vollzieht sich bischöfliche Autorität?

In einem historisch gelehrten Artikel in der Herder-Korrespondenz hat Helmut Hoping „die Bischöfe" gemahnt: Es sei „Zeit", sich „auf ihre apostolische Sendung und den ‚Geist' der Leitung" zu „besinnen"[55]. Der Artikel greift in eine Debatte ein, nachdem auf dem ‚Synodalen Weg' die in der Tat auch noch vom Zweiten Vatikanischen Konzil stark betonte Lehrautorität (Hoping zitiert *Dei Verbum* 10) im so genannten ‚Orientierungstext' merklich zurückgeschraubt worden sei zugunsten des sensus fidei. Hier werde die authentische Lehrautorität „zu einem *testimonium fidei* umgedeutet"[56]. Historisch, so betont Hoping, sei dies anders gewesen: Das Magisterium der Theologen zu sein, setze eine entsprechende Ausbildung voraus, durch die sie die „Autorität" erhielten, „wissenschaftlich zu lehren". Sie besäßen „aber keine besondere Vollmacht": Die Bischöfe hingegen stünden „aufgrund ihrer Weihe in der Nachfolge der Apostel", weshalb sie „das Amt der Leitung" innehätten, welches sie „wie Petrus in Liebe zum Herrn ausüben" sollten. Nochmals anders formuliert, so Hoping: „Das magisterium der Theologen beruht auf angeeignetem Wissen, das magisterium der Bischöfe gründet in ihrer Weihe", die Thomas von Aquin „vor allem als Übertragung von Jurisdiktion" verstanden habe, welche aber „die apostolische Lehrautorität der Bischöfe" einschlösse.[57]

Hoping stellt sich damit hinter die ebenfalls historisch ansetzenden Überlegungen von Martin Rhonheimer, der die Bedeutung der mittelalterlich-frühneuzeitlichen Theologie zwar nicht geringschätzt, aber festhält, dass theologische Aussagen und „selbst lehrmäßige Äußerungen kurialer Dokumente, um Lehrautorität zu besitzen, der Zustimmung des Papstes"[58] bedurft hätten. Rhonheimer verweist als Indiz hierfür auf die zahlreichen Interventionen gegen neuaufkommende theologische Ideen. Mit diesen historischen Hinweisen meint Rhonheimer, die von

Hubert Wolf vertretene These, ein ordentliches Lehramt sei erst im 19. Jahrhundert erfunden worden, zuvor habe es dies nicht gegeben, widerlegen zu können. Sein Interesse ist klar. Mit eben diesem Argument, dass das ordentliche Lehramt kirchenhistorisch betrachtet eine durchgängige Institution gewesen sei und es damit immer auch nur eine einzige Lehrautorität gegeben habe, wendet er sich gegen eine für ihn offensichtliche Strategie des ‚Synodalen Wegs'.

Die „Absicht des Narrativs" sei „klar": Zusammen mit der Diskreditierung des ordentlichen Lehramtes will die These vom doppelten Lehramt den Bischöfen ein komplementäres, wissenschaftlich aufgeklärtes und ihre Lehrautorität relativierendes ‚Lehramt der Theologen' zur Seite stellen. Damit macht sie den Bischöfen ihre Funktion streitig, in Fragen des Glaubens und der Sitten in ihren Diözesen mit alleiniger Autorität zu lehren." (50 f.) Rhonheimer warnt davor, „derartige historische Rekonstruktionen unkritisch zu übernehmen" und mit „einer auf brüchigen historischen Fundamenten gebauten theologischen Konzeption wie der eines ‚doppelten Lehramtes der Hirten und Theologieprofessoren'" dem gesamtkirchlichen Lehramt den Takt vorgeben zu wollen, um so „die Kirche auf einen ‚Weg der Umkehr und Erneuerung' zu bringen". (50) Er schließt mit einem Appell wie Hoping: „Die Bischöfe haben vielmehr die Pflicht, in Einheit mit der die ganze Welt umspannenden katholischen Kirche ihre Verantwortung als Lehrer in ihren Diözesen und der Gläubigen ihres Landes wahrzunehmen, eine Verantwortung, die – gemäß dem beständigen Glauben der Kirche – kraft der Bischofsweihe und als Nachfolger der Apostel ihnen allein zukommt." (51) Damit gibt es für Rhonheimer nur eine Lehrautorität, und die besitzt: der Papst. Als Beleg dient „Pastor aeter-

nus" von 1870, in die Geschichte eingegangen als Unfehlbarkeitserklärung des Papstes. Weichen Bischöfe von seiner Lehrautorität ab, so versündigen sie sich an ihrem
Amt. Die wissenschaftliche Theologie wird zu einer Hilfs-
wissenschaft degradiert. Ihr kommt es, konsequent zu Ende gedacht, zu, päpstliche Theologie an den Universitäten
und Hochschulen zu dozieren – und wenn sie Neues riskiert, so ist sie auf ihre Rezeption durch das ordentliche
Lehramt angewiesen. Man wird Rhonheimer zubilligen
müssen, dass er Johannes Paul II. und Benedikt XVI. hinter
sich wissen darf.

Wolfgang Beinert hat zu einem anderen historischen Befund gefunden, jedenfalls hat er historisch anders ge-
wertet.[59] Er rekonstruiert, wie es erst im 19. Jahrhundert –
Beinert verweist ebenfalls auf die Konstitution „Pastor
aeternus" – zu einer „Monopolisierung des Lehramtes"
kommt; nun „bestimmt der Papst in völliger Kompetenzhoheit faktisch autonom und letztverbindlich den Gehalt
von Bibel und Überlieferung." Und er zeigt, wie Johannes
Paul II. schließlich die Gläubigen auf diesen Anspruch kirchenrechtlich zu verpflichten sucht. Für die Zeit zuvor betont Beinert allerdings die Bedeutung der Konzilien sowie
dortige prozessuale Verfahren der Entscheidungsfindung
für die Lehrentwicklung. Auch wenn der Begriff in einigen
Kreisen nicht sehr beliebt ist, so darf man sich dies so vorstellen, dass es nach jeweils heftigen theologischen Debatten zu Mehrheitsentscheidungen kam. Sicherlich waren
diese Prozesse, in denen es zu Entscheidungen kam, einge-
bettet in ‚Gebet und fromme Praxis'. Kann aber eine individuelle Entscheidung anders fallen, als durch das Ab-
wägen von Gründen?

Resümiert man, wie Rhonheimer, Hoping und Beinert
historisch rekonstruieren, so gelangen sie zu demselben Er-

gebnis. Am Ende dieses historischen Prozesses übernimmt der Papst – um nochmals Beinert aufzunehmen – die vollständige „Kompetenzhoheit". Nicht die wissenschaftliche Theologie, sondern das römische Lehramt entscheidet darüber, wann Theologie theologisch angemessen gedacht ist und wann nicht. Ein wenig seltsam mutet dann aber an, dass es nun aus dem Kompetenzbereich der theologischen Wissenschaft zu Mahnungen an die Adresse der Bischöfe kommt, ihre Kompetenz wahrzunehmen und sich gegen einer drohende „Expertokratie" (Hoping/Tück) zu stellen. Ich hatte bereits darauf hingewiesen, dass dies in der Logik einer Lehramtsmonopolkompetenztheologie eigentlich nicht vorkommen kann (jedenfalls nicht vorgesehen ist). Denn faktisch übernehmen ja nun doch Nicht-Bischöfe die Autorität, die in der Logik dieser Theologie nur Bischöfen als den Nachfolgern der Apostel zukommt. Angesichts der Themen, die auf dem ‚Synodalen Weg' diskutiert werden, ist es ein Leichtes, sich vorzustellen, wie positioniert Bischöfe ihre Autorität wahrnehmen sollen. Rhonheimer warnt zwar davor, „historische Rekonstruktionen nicht unkritisch zu übernehmen". Das ist richtig – und es ist zugleich banal, weil der kritisch distanzierende und nochmals neu das Material durchleuchtende Blick das Grundprinzip historischen Arbeitens ist. Aber wer entscheidet darüber, wann historische Rekonstruktionen unkritisch sind und wann nicht?

Humanae vitae – Entstehung und Folgen

Ich hatte bereits darauf hingewiesen, dass der Prozess, in dem das bischöflich-päpstliche Lehramt in Lehrfragen ein normatives Alleinstellungsmerkmal für sich in Anspruch nahm und möglicherweise bis heute nimmt, inzwischen *faktisch* ins Leere gelaufen ist. In vormodernen Gesellschaften existiert Autorität, weil diese niemand hinterfragt. In modernen Gesellschaften hingegen wird Autorität zuerkannt, weil Autorität in einer reflexiven Weise als Autorität akzeptiert wird, was bedeutet: Autorität wird zu einer fragilen Größe. Sie kann zugestanden werden, sie kann aber auch verloren gehen. Nur deshalb, weil jemand ein Amt innehat, besitzt die Person, die das Amt innehat, noch keine Autorität. In liberalen Gesellschaften wird Autorität (jedenfalls im Idealfall) durch Kompetenznachweis erarbeitet. Wer sich als inkompetent erweist oder aber fragwürdige Anforderungen an die stellt, die seine Autorität anerkennen sollen, gerät unter Druck und verliert im Zweifelsfall sein Amt. Das bischöfliche Lehramt, das es auch nach *Lumen Gentium* und ganz bestimmt nach den späteren päpstlichen Verlautbarungen nur dann gibt, wenn es sich in Übereinstimmung mit dem authentischen Lehramt des Papstes befindet, ist in seine eigene Falle gelaufen.

Es war allerdings bereits seit geraumer Zeit absehbar, dass dieser Punkt erreicht werden würde, weil Begründungen für lehramtlich eingenommene Positionen nicht überzeugten, so dass es in der Konsequenz zu einer grundsätzlichen Gefolgschaftsaufkündigung kommen würde. Johannes Paul II. hatte ein Charisma, das viele in den Bann zog, was aber nicht dazu führte, dass man ihm inhaltlich und damit lehrmäßig folgte. Wolfgang Beinert verweist auf die Wirkungsgeschichte der Enzyklika *Humanae vitae*, die – das ist inzwischen nachgewiesen – deshalb zustande kam, weil Paul VI. seine Position aufgrund eines Sondervotums aus Krakau nochmals korrigierte.[60]

Der damalige Erzbischof von Krakau hieß Karol Wojtyla. Es war diese Enzyklika, die nochmals versuchte, das

Sexualleben von katholischen Ehepaaren zu regulieren, die selbst in dem römischen Lehramt wohlmeinend gegenüberstehenden katholischen Milieus intellektuelle Irritationen oder schlicht Kopfschütteln auslöste, weil die Möglichkeit einer Entkoppelung von Sexualität und Familienplanung auch im Empfinden katholisch sozialisierter Menschen eine unendliche Erleichterung darstellte. Insgesamt dürften aber die Irritationen gerade bei denen, die eine offene Sensibilität für die modernen Lebenswelten mitbrachten, schon lange gegoren haben. Von massiven intellektuellen Problemen, wie überhaupt angesichts der Umstellung des Weltbegriffs auf den eines Galilei noch von einem radikal menschenzentrierten, auch noch auf die Bitte von Menschen hin in den Natur- und Geschichtsverlauf eingreifenden Gott gerechnet werden kann, ganz zu schweigen. Wer ohnehin schon von Zweifeln erfasst war, wird mit *Humanae vitae* eine tiefe Irritation an sich erlebt haben. Martin Rhonheimer, auf den Wolfgang Beinert repliziert, fasst zwar möglicherweise sehr klug zusammen, wie der historische Prozess gelaufen ist, der zu der normativen Monopolstellung des Bischofs von Rom geführt hat. Beinert bestreitet auch gar nicht, dass der Prozess so gelaufen ist. Aber er hält ihn für eine fatale Fehlentwicklung. Ich kann das nur unterstreichen.

Unterscheidung von Genese und Geltung

Bezogen auf Rhonheimer und Hoping ist zu sagen, dass beide nicht die Unterscheidung zwischen Genese und Geltung praktizieren. Hypothetisch gesetzt – schließlich sind sie nicht die Einzigen, die so argumentieren – es gäbe eine gewisse, sich historisch abbildende Logik, die auf „Pastor aeternus" zuläuft, bleibt immer noch die Frage, welches normative Kapital aus diesem Befund zu schlagen ist.

Wenn das Lehramt einen Prozess der Selbstmonopolisierung auf sich zulaufen lassen hat, der in der Unfehlbarkeitserklärung zwar einen gewissen Höhepunkt erreicht hat, allerdings sogar noch weiterreicht, weil auch Aussagen des ordentlichen Lehramtes bereits unbedingten Glaubensgehorsam verlangen, so mag das historisch richtig sein. Zumal ja zu beobachten ist, dass es Dissensfeststellungen nicht nur auf der Seite derer gibt, die Modernisierungen oder auch schlicht Korrekturen in der Lehre fordern, sondern auch bei ganz anderen Gruppen: Geht es um die restriktive Behandlung der ‚alten Messe' durch Papst Franziskus, sparen Anhänger dieser Messe nicht an Kritik und fordern doch gleichzeitig den Papst auf, beim ‚Synodalen Weg' einzuschreiten. Der Autoritätsverlust verteilt sich viel breiter, als ein Schablonendenken von konservativ und progressiv unterstellt. Wenn sich die Lehramtsansprüche pluralisiert haben sollten, dann sicherlich nicht nur in der Form der Verdopplung.

Allerdings ist auch dies kein systematisches Argument. Was mich aus systematischen Gründen mehr interessieren würde, ist eine Antwort auf die Frage, *wie* die Bischöfe ihre ‚apostolische Sendung' wahrnehmen können und sollen. Jetzt könnte man argumentieren, sie nehmen sie deshalb – soll ich sagen: unfehlbar? – wahr, weil sie geweiht sind. Ist damit aber geklärt, wie sich eine so begründete Lehrautorität zu einer wissenschaftlichen Theologie verhält, die möglicherweise durch ihre Forschung in einen Dissens zu dem gerät, was der offiziellen Lehre entspricht? Will das Lehramt zumindest eine Letztentscheidungskompetenz für sich beanspruchen und nicht darauf verzichten, selbst theologisch zu sein (oder gar zu argumentieren), dann

muss es sich als Autorität legitimieren, um für den Dissens-
fall gerüstet zu sein. Faktisch ist ihm diese Aufgabe der
Selbstlegitimierung deshalb aufgezwungen worden, weil
der Selbstmonopolisierungsstrategie längst eine Dekon-
struktionspolitik von unten begegnet, die man auch mit
dem theologischen Begriff des *sensus fidei* bezeichnen
kann. Zwar kann es in der Logik des Lehramtes keinen
legitimen *sensus fidei* geben, der im Dissens stehen könnte
zur bischöflichen Lehrautorität. Wie ist dann aber zu be-
werten, dass doch begründet wird und sogar andere auto-
ritative Quellen wie Bibel und Tradition aufgerufen werden, um die eigene Position zu stärken? Ist dies Ausdruck
eines schleichenden Gefühls von Autoritätsverlust?

Wäre dem so, dann gäbe es doch nur ein Lehramt, nämlich das der Theologie – die es aber auch nur im Plural gibt,
sodass sich sofort wieder die Frage stellt: Wer entscheidet
innerhalb der Kirche, welche Theologie bestimmend und
wirksam sein soll? Rekurriert man auf die bereits erwähnten anderen autoritativen Quellen, zeichnen sich sofort die
nächsten Konflikte ab. Werden diese Quellen bemüht, so
geschieht dies nicht nur, immer wieder gut zu beobachten,
hochgradig evaluativ und damit selektiv. Zudem bleibt die
Frage, warum normative Überzeugungen, die in der Vergangenheit gewonnen wurden, auch heute noch eine normative Geltung beanspruchen sollen, wenn damals zu
ihrer Begründung vorgetragene Gründe möglicherweise
heute nicht mehr überzeugen können. Nachweislich gibt
es sogar eine Lehrentwicklung, die von der Autorität des
Amtes selbst gedeckt ist. Diese Entwicklung lässt sich nicht
nur auf dem ethischen Gebiet beobachten. Das jüngste Beispiel hierfür ist die Ächtung der Todesstrafe durch Papst
Franziskus, die über Jahrhunderte durch die Kirche legitimiert wurde. Wer behauptet, dass die Theologie des Leibes

von Johannes Paul II. tief verwurzelt sei in der Lehrtradition der Kirche, beweist nur, dass er die eigene Tradition nicht kennt.[61] Thomas von Aquin kennt eine klare Hierarchie der Geschlechter, die er mit dem mangelnden Intellekt der Frauen begründet.[62] Selbst bezogen auf die Frage, über welchen Gott die Kirche eigentlich hochoffiziell spricht, wenn es zu Lehraussagen über ihn kommt, lassen sich deutliche Bewegungen feststellen. Wenn es in der Offenbarungskonstitution des Zweiten Vatikanischen Konzils über Gott heißt, dass dieser uns angesprochen habe wie Freunde (*Dei verbum* I,2), so wird man sehr nüchtern feststellen dürfen, dass dieses Gottesbild über die Jahrhunderte nicht vertreten wurde. In gewisser Weise findet die Kirche zurück zu einer anderen Weise, über Gott zu sprechen, was zuvor verlangt: über ihn nachzudenken – eine Methode, die in biblischen Zeiten selbstverständlich war.

Über Vollmacht nachdenken

Jetzt könnte man angesichts dessen, dass es historisch zu beobachten ganz eindeutig eine Lehrentwicklung gegeben hat, so argumentieren, diese sei autoritativ abgesichert durch die „besondere Vollmacht" (Helmut Hoping), die den Bischöfen durch die Weihe zukomme. Deshalb könnten diese auch den evaluativen Umgang mit Schrift und Tradition vornehmen. Hiergegen melden sich wenigstens zwei Einwände. Wie konnte es unter einer so gemachten Voraussetzung überhaupt zu schließlich als korrekturbedürftig eingeschätzten lehrmäßigen Äußerungen vergangener Bischöfe kommen? Und sind nicht auch Bischöfe, wenn darauf gedrungen wird, dass der Glaube sich nicht nur praktisch, sondern auch als vernünftig ausweisen soll, darauf angewiesen, im (übrigens keineswegs statischen, sondern sich selbst wandelnden) Wissenschaftssystem vorgehaltene Theologie zu rezipieren und sich, weil sich, wiederum historisch zu beobachten, theologische Einsichten verändern und es Theologie nur im Plural gibt, eigenständig zu theologisieren und sich eine eigene begründete Meinung zu bilden? Was unterscheidet dann aber Bischöfe von anderen Theolog:innen? Soll man sich die bischöfliche Lehrautorität in ihrer Funktionsweise so vorstellen, dass sie ‚von oben‘ genährt wird, wenn ein theologischer Konflikt entschieden werden muss?

Dieser Vorstellung steht aber wiederum entgegen, dass dies jedenfalls nicht generell überzeugend für alle Bischöfe funktioniert hat, die sich in der apostolischen Sukzession befinden. Andernfalls könnte nicht erklärt werden, warum es zu Korrekturen an lehrmäßigen Äußerungen gekommen ist. Der Begriff der „Expertokratie" (Hoping/Tück) ist vermutlich nicht freundlich bezogen auf die Theolog:innenzunft gemünzt. Es gibt auch nicht *die* Theologie. Wenn von der Theologie gesprochen wird, so sollte nicht unterschlagen werden, dass sie historisch betrachtet und auf die Gegenwart bezogen ein hochgradig ausdifferenziertes, plurales Gemengelage gewesen ist und dass sich aus diskursiven Prozessen heraus Konsense gebildet haben, die mal mehr, mal weniger stark mitgetragen wurden und keineswegs immer nachhaltig wirkten. Nicht zu viel an diskursiver Auseinandersetzung hat es in den letzten Jahrzehnten gegeben, sondern zu wenig; und wenn es sie gab, dann wurde sie nicht konstruktiv moderiert.

Auch diese Zeit scheint zu Ende zu gehen. Möglicherweise auch die Zeit, in der eine auf Dauer gestellte, unter Beteiligung von Laien und geweihten Amtsträgern abgehaltene Synode, die in sich demokratische Verfahren realisiert, als ein Unding in der Kirche galt.[63]

IV. Keine Angst
vor Kirchenparlament(en)!

„Wo der öffentliche Gebrauch der Vernunft nicht möglich ist,
kann es keine Demokratie geben."
(Rainer Forst, Die noumenale Republik, 309)

Einer der interessantesten Beiträge zu den Auseinandersetzungen um den ‚Synodalen Weg' ist der bereits in den ein-
leitenden Bemerkungen erwähnte Beitrag von Walter Kardinal Kasper. Es lohnt sich, ihn ein wenig länger zu
zitieren, um illusionslos die gegenwärtige Situation überhaupt in den Blick zu bekommen. Sein Beitrag *Vollmacht,
Macht und Hierarchie in der katholischen Kirche* ist stark
historisch gearbeitet, aber: Historische Argumente sind für
ihn offensichtlich auch von normativer Relevanz. Zugleich
grenzt Kasper Synoden von Kirchenparlamenten ab:

„Man darf die Synoden der frühen Kirche nicht mit einem
Kirchenparlament verwechseln. Die Kirche bejaht die
Grundlagen der Demokratie, die fundamentalen Menschenrechte, sie übernimmt für sich jedoch nicht deren Ausformung zu einem parlamentarischen System, das mit
Mehr- und Minderheiten entscheidet. Sie sucht konsensori-
entiert oft nach langem Ringen eine einmütige Antwort, die
als Zeichen des Hl. Geistes verstanden wird. Eine Synode
soll also nicht eine Minderheit ohne seriösen Austausch
der Argumente niederstimmen und abschmettern, wie es
bei der letzten Sitzung des Synodalen Wegs geschehen ist.

Damit hat sich der Synodale Weg selbst zur Farce einer Synode gemacht."[64]

Es erfreut einen leidenschaftlichen Demokraten wie mich zunächst, dass die Kirche die fundamentalen Menschenrechte als die Grundlage der Demokratie inzwischen nun doch bejaht. Allerdings müsste auch bei Kasper genauer ausgeführt werden, was *die* Kirche unter Menschenrechten versteht. Dass die Kirche auf der lehramtlichen Ebene bis heute grundlegende, als Menschenrechte definierte Selbstbestimmungsrechte, wie dies in liberalen Demokratien der Fall ist, nicht anerkennt, wurde bereits erwähnt. Interessant ist, wie offensiv Kasper betont, dass die Kirche nach innen hin kein Mehrheitsprinzip kennt.

Das ist ehrlich, aber: Zugleich zeigt sich, dass ein seinem Selbstverständnis nach hierarchisch-autoritär gegliedertes kirchliches System in einer – vorsichtig gesagt – erheblichen Spannung zu einem rigoroseren Menschenrechtsdenken steht. Denn wenn es bei den Menschenrechten, wie Rainer Forst betont, „nicht nur" um „den Besitz wichtiger Rechte" gehen soll, sondern auch darum, „die Autorität zu sein, die dieses Recht mitbestimmt und zusichert", mithin um „ein horizontales Verständnis der Menschenrechte" unter zumindest dem Ideal nach Gleichen[65], dann wird man bezogen auf die Kirche sagen müssen, dass ein solches Verständnis hier ganz sicher nicht vorliegt geschweige denn offensiv vertreten wird. In der Kirche wird hierarchisch diktiert, worin das wahre Recht des Menschen und damit seine wahre Freiheit liegt. Schon deshalb kann es hier nicht zur Ausformung parlamentarischer Entscheidungsfindungsstrukturen kommen, wie dies bei institutionalisierten Demokratien üblich ist. Allerdings sind diese auch religiös neutral, und deshalb können hier auch nur die religiösen Überzeugungen öffentlich und politisch geltend gemacht werden, die in eine „Sprache übersetzt" werden, „die nicht auf bestimmten Glaubensüberzeugungen beruht, weder religiösen noch atheistischen"[66]. Eine solche Übersetzung ist der Kirche auf der Leitungsebene abzuverlangen, wenn sie ihre normativen Überzeugungen nach außen vertreten will. Was ihr offensichtlich alles andere als leichtfällt.

Auf der Suche nach dem Willen Gottes

Nach innen hin sind die Probleme diffiziler. Eine Übersetzung konfessionell-normativer Überzeugungen in eine religionsneutrale Sprache ist der Kirche zunächst nicht abzuverlangen. *Faktisch* wird nach innen hin praktiziert, dass es eine Geschichte Gottes mit den Menschen gibt und, solange in biblischer Tradition an dem freien Gott festgehalten wird, es einen Willen Gottes bezogen auf den Menschen gibt. Deshalb ist auch die Denkmöglichkeit, dass der Wille Gottes möglicherweise ganz anders sein könnte, als gemeinhin oder gar lehramtlich gemeint sein könnte, nicht gerade eingeübt. Jedenfalls solange, wie die Gläubigen eine mehr oder weniger homogenisierte Gemeinschaft darstellen. Von außen betrachtet ist freilich auch eine *katechismuskonforme Praxis* eine *soziale Praxis*, und die schafft über Internalisierungen eine gruppenspezifische, gemeinsam geteilte konfessionelle Überzeugungswelt. Diese soziale Praxis ist immer auch eine der Macht- und Herrschaftsausübung. Möglicherweise gelangt dann nicht einmal die Möglichkeit ins Bewusstsein, dass der Wille Gottes auch ganz anders sein könnte als gemeint. Hinzu kommt, dass in einer solchen konfessionellen Überzeugungswelt der Gedanke einer möglichen Nicht-Existenz Gottes zumeist nicht einmal aufkeimt. Gleichwohl könnte es ein hilfreiches Exerzitium sein, diesen Gedanken einmal methodisch zuzulassen, um die normativ wirksamen Ordnungen innerhalb des Kirchensystems doch noch einmal kritisch zu hinterfragen. Schon aus Gründen der historischen Erfahrungen, der offensichtlichen Irrtumsanfälligkeit in der Kirche, wäre dies angezeigt. Denn ist wirklich ausgemacht, worin der Wille Gottes besteht? Existiert der Gott, der einen Willen hat, überhaupt oder ist er ein Projektionsprodukt menschlicher Phantasie?

Damit wäre dann aber auch das kirchenintern als Wille Gottes praktizierte Normensystem nichts anderes als ein Phantasieprodukt des Menschen. Und was passiert, wenn auch nur der geringste Verdacht auftaucht, dass eine hierarchische Machtausübung eine illegitime Anmaßung sein könnte, wie im Vorwort erwähnt Hermann Krings bereits vor fünfzig Jahren konstatiert hat? Und was passiert, wenn sich die Hierarchieebene dann auch noch als völlig dysfunktional erwiesen hat – der selbst die Schutzrechte der Schwächsten egal waren, wenn es darum ging, das System und die Aura des sakramentalen Priesteramtes zu schützen?

Ich will hier nicht die Frage diskutieren, ob der freie Gott mehr ist als ein Sehnsuchtswort des Menschen oder ob ein zureichend begründeter Beweis seiner Existenz noch geführt werden kann. Den Glauben an einen über den Tod hinaus rettenden und Gerechtigkeit schaffenden Gott zu riskieren, halte ich zwar weiterhin für vernunftkonform, weil die theoretische Möglichkeit eines solchen Gottes nicht ausgeschlossen werden kann.[67] Aber dann muss auch klar sein, dass das Wort Gott ein Projektionswort ist, dem nur möglicherweise ein existierender, dem Menschen in seinen Sehnsüchten entgegenkommender Gott entspricht. Von der Existenzfrage unabhängig aber hat zu sein, dass der Gottesbegriff sich hoffentlich dem fügt, was der Mensch aus ethisch sensiblen Gründen heraus für sich und andere erhofft. Begreift man die Kirche als eine Hoffnungsgemeinschaft, dann gibt es (jedenfalls als Ideal vorgestellt) eine Rechtfertigungspflicht aller untereinander, das zu begründen, was erhofft wird und im Namen des gemeinsam geglaubten Gottes normativ gewollt sein soll.

Sensus fidei, Synodalität und Autonomie

Dies wäre ein *sensus fidei fidelium*, der in gemeinsam zuerkannter Autonomie gründet. Und da Konfessionsgemeinschaften nun einmal eine gemeinsame Grundlage brauchen, nenne man es Katechismus oder Dogma, könnte auch das Konzept eines kirchenparlamentarisch errungenen Grundkonsenses darüber, welcher Gott dem – soweit überhaupt historisch rekonstruierbar – Glauben Jesu angemessen in der Welt von heute zu vertreten ist, kein gar so schlechtes Instrument für die (auch von Papst Franziskus) immer wieder angemahnte Evangelisierung sein. Was in einem Kirchenparlament beschlossen wird, ist dann das Dogma (in extrem verdichteter Form) oder der Katechismus (in hoffentlich lesbarer Form). Oder vorsichtiger: Hier ist enthalten, was zu glauben mündigen Christ:innen *deshalb* als zu glauben angeboten wird, weil es gute Gründe dafür gibt, dies zu glauben und in die eigene Lebenspraxis zu integrieren. Der Katechismus würde dann in gewisser Weise fluide und auch veränderbar werden, wenn dies notwendig erscheint, ohne damit aber bereits notwendig einer billigen Zeitgeistanpassung ausgesetzt zu werden. Jeder

91

Katechismus atmet den Geist seiner Zeit. Auch die Evangelien tun dies und auch das paulinische Textcorpus. Wer den Denzinger – inzwischen Denzinger-Hünermann – konsultiert, wird schnell sehen, wie zeitgeistgebunden im Rückblick dasjenige war, was als Wahrheit ausgegeben wurde. Entweder stemmte man sich konziliar-lehramtlich oder auch nur römisch-lehramtlich denen entgegen, die für sich ein wahreres Christentum beanspruchten. Oder aber, so seit dem 19. Jahrhundert verschärft zu beobachten, organisierte das Lehramt das eigene gottwohlgefällige In-der-Wahrheit-Stehen über das strikte „Anti": Was nach Moderne, Freiheit und Selbstbestimmung roch, wurde verurteilt. Es gibt kein Christentum, das nicht von den Turbulenzen und normativen Suchbewegungen seiner Zeit durchdrungen wäre. Das ist nicht nur unvermeidlich, sondern auch gut, solange der Geist einer Zeit kritisch gegen sich selbst bleibt. Dies nenne ich Vernunft. Immanuel Kant hat es deshalb in seinem berühmt gewordenen Preisschriftaufsatz *Was ist Aufklärung?* abgelehnt, von einem aufgeklärten Zeitalter zu reden. Das Einzige, was es geben kann, wenn die Vernunft über sich selbst aufgeklärt sein will und damit ihre Irrtumsanfälligkeit anerkennt, ist ein Zeitalter der Aufklärung, das sich auf Dauer gestellt wissen will.[68] Fehlbarkeitsbewusstsein ist das Indiz für eine Vernunft, die sich über sich selbst aufgeklärt hat. Relativistisch muss sie deshalb noch lange nicht sein, wie ich in meinen Überlegungen zum Verhältnis von Freiheit und Wahrheit anlassbedingt begrenzt auf Fragen der Ethik versucht habe zu zeigen.

Überraschend an Walter Kasper ist, dass er, nachdem er gerade noch den Parlamentarismus für die Kirche abgelehnt hat, nun als Prinzip der Entscheidungsfindung in der Kirche das der Konsensorientierung einführt. Es gehe um eine „einmütige Antwort", die dann als Zeichen des Heiligen Geistes gedeutet werde. Nun bin ich mir nicht ganz sicher, ob, historisch betrachtet, in den teils hart geführten theologischen Auseinandersetzungen jemals eine Einmütigkeit hergestellt wurde. Immer wurden Mehrheitsbeschlüsse herbeigeführt, und wenn diese retrospektiv als einmütig und dann noch in ihrer Genese auf den Heiligen Geist zurückgeführt werden, so kann man auch davon sprechen, dass die Mehrheitsmeinung sich selbst theologisch zu legitimieren versucht hat. Wer sollte im Irrtum sein, wenn er selbst den Heiligen Geist auf seiner Seite hat? Wenn man solche Überlegungen einmal zulässt und nur rein hypothetisch als Möglichkeit in Betracht zieht, dass der Rekurs auf den Heiligen Geist als Instrument der Selbstimmunisierung dienen könnte, ist vollends irritierend, wenn Kasper bezogen auf eine der Sitzungen des ‚Synodalen Wegs' moniert, eine Minderheit sei ohne „seriösen Austausch der Argumente" niedergestimmt und abgeschmettert worden. Eine solche Gefahr ist zweifelsohne immer gegeben, wenn Argumente ausgetauscht werden, um zu Entscheidungen zu kommen. Aber wer entscheidet eigentlich darüber, wann und, wenn ja, wie kriteriengeleitet ein Austausch seriös ist? Wer entscheidet darüber, wann der Heilige Geist anwesend ist? Letztlich kann Kasper nur sagen wollen, dass die nicht die Mehrheit in den Abstimmungen erzielt haben, die die theologischen Positionen vertreten, die auch er vertritt. Konsequent zu Ende gedacht spricht er damit den Mehrheitssynodalen ab, hinreichend auf den Heiligen Geist gehört zu haben.

In nicht mehr religiös legitimierten, weltanschauliche Liberalität organisierenden Gesellschaften wird dieser Austausch der Argumente durch geordnete Verfahren reguliert. Diese garantieren nicht, dass sich die besseren

Argumente tatsächlich durchsetzen, aber: Weil diese Gesellschaften darauf setzen müssen, dass sich die besseren Gründe durchsetzen, hoffen sie darauf. Wenn Walter Kasper moniert, es habe keinen seriösen (!) Austausch von Argumenten auf der letzten Versammlung des ‚Synodalen Wegs' gegeben, dann scheint er zu unterstellen, es seien die besseren Argumente niedergeschmettert worden. Ich kann mir nur relativ schlecht vorstellen, dass er meint, dass die Abstimmungsprozeduren nur voreilig anberaumt wurden, ohne genügend Zeit für den Austausch gelassen zu haben. *Wann* wäre der Zeitpunkt für diese aber erreicht gewesen?

Von wahrer und falscher Reform bei Walter Kasper

Walter Kasper hat sehr eindeutige Kriterien bezogen darauf, was eine wahre von einer falschen Reform unterscheidet. Reform bedeute, „die Kirche wieder in Form zu bringen – in die Form, die Jesus Christus gewollt und die er der Kirche gegeben hat". Christus sei „der Maßstab, das A und O jeder Erneuerung". Ich würde vermuten, dass das die – wie sich derzeit abzeichnet – Mehrheit der Synodalen, die eine andere lehramtlich anerkannte Sexualmoral und andere Zulassungsvoraussetzungen zum Amt wollen, sofort unterschreiben würden. Wie kann es dann aber überhaupt zu so grundlegenden Konflikten kommen, wie dies auf dem ‚Synodalen Weg' zu beobachten ist? Kasper plädiert entschieden für ein starkes Bischofsamt. Aber *wie* er ein solches Amt zusammenbindet mit der Idee einer Synodalität, die er als „die kirchliche Form der Gewaltenteilung in der Kirche" vorstellt, kommt autoritär-politischen Regimen doch sehr nahe. Ich darf zitieren: „Das Bischofsamt geht nicht ohne Synode und die Synode nicht ohne Bischof. Sie hat den Bischof zu stärken und zu stützen und ihm den Rücken freizuhalten. Sie kann zugleich eine missbräuchliche und willkürliche Autorität des Bischofs verhindern. Eine starke Synode braucht einen starken Bischof und ein starker Bischof kann nur mit einer starken Synode seiner Leitungsverantwortung gerecht werden. Die synodale Struktur ist die kirchliche Form der Gewaltenteilung in der Kirche." Dazu möchte ich Folgendes bemerken. (1) wüsste ich gerne, wo im CIC steht, dass das Bischofsamt „nicht ohne Synode" geht. Dann wüsste ich (2) gerne, seit wann eine Synode die „missbräuchliche und willkürliche Autorität des Bischofs verhindern" kann – und vor allem: *Wer* legt eigentlich die Kriterien fest, die darüber entscheiden, *wann* die Amtsausübung eines Bischofs als missbräuchlich bezeichnet werden darf? Sind dies ausschließlich andere Bischöfe? Oder auch Nicht-Geweihte? Warum gab es eigentlich keine Synode, auf der Bischöfe die missbräuchliche Amtsausübung des Bischofs von Rom verhindert haben, als dieser die „fundamentalen Menschenrechte" verurteilt hat? Oder aber sind diese in der katholischen Kirche gar nicht anerkannt? Grundsätzlich ist (3) zu sagen, dass bis heute wohl kaum von einer Gewaltenteilung in der Kirche gesprochen werden kann. Oder aber in der von Walter Kasper angedeuteten spezifisch katholischen Form, und die lautet: Am Ende entscheidet der Papst. Ich würde dieses Entscheidungsprinzip eher nicht als Gewaltenteilung bezeichnen, sondern als extreme Gewaltenbündelung. Oder aber als Monopolisierung von Gewalt.

Aber Walter Kasper bemüht weitere Argumente. Es ginge auch um eine „Einmütigkeit mit dem Glauben früherer Zeiten der Kirche". In der „theologischen Fachsprache" rede „man von einer synchronen Einmütigkeit heute und zugleich von einer diachronen Einmütigkeit mit der Tradition". Wir dürften „nicht geschichtsvergessen sein und meinen, an einem Nullpunkt neu anfangen zu dürfen". Wir dürften „aus dem Glauben schöpfen, in dem in der Vergangenheit unzählige Menschen gelebt [haben] und auch gestorben" seien.[69] Kasper erinnert gar an den Extremerweis dieses Glaubens, an das Martyrium. Ich bin nicht abgeneigt zuzustimmen – bin aber auch nicht ganz sicher, auf was genau Walter Kasper abhebt. Vermutlich gibt es keinen Dissens zwischen uns, dass es einen ökumenischen Kampf gegen Zwangsprostitution, Kinderarbeit und religiöse Intoleranz geben muss. Ob dies katholischerseits immer der Fall war, also diachron, müsste historisch geklärt werden. Eines aber ist klar: Auch die, die auf dem ‚Synodalen Weg' eine andere Kirche wollen, würden sofort in diese diachrone christliche Ökumene gegen die Verletzung von grundlegenden Menschenrechten einstimmen. Allerdings gibt der Anlass seiner Überlegungen doch zu denken. Wenn man sich das Themenspektrum des ‚Synodalen Wegs' anschaut, dann drängt sich doch sehr stark der Eindruck auf, dass die ‚diachrone Einmütigkeit der Tradition' gegen (um das Thema der Sexualmoral nicht über Gebühr zu strapazieren) andere Zulassungsvoraussetzungen zum Amt und vor allem auch gegen jedenfalls denkbare, nicht mehr bischöflich-autoritäre theologische Entscheidungsfindungsstrukturen in der Kirche in Stellung gebracht wird. Allerdings scheint mir diese diachron und synchron behauptete Einmütigkeit eine reine Fiktion zu sein; es gab sie nie – und es gibt sie auch heute nicht. Historisch betrachtet ist die behauptete Einheit in Glaubensdingen immer das Ergebnis von diskursiven Prozessen gewesen, die unterschiedlich frei geführt werden konnten.

Wer dies nicht erwähnt und eine diachrone Einheit behauptet, muss sich fragen lassen, ob er in diesem Fall die Behauptung einer solchen nicht strategisch einsetzt. Wenn ‚Einmütigkeit‘ ein ‚Zeichen des Hl. Geistes‘ sein soll, dann hat dieser historisch betrachtet nur selten gewirkt.

Schwierigkeiten mit dem Heiligen Geist

Überhaupt ist der Rekurs auf den Heiligen Geist eine zweifelhafte Angelegenheit. Damit meine ich nicht nur, dass recht konträre Gruppen sich selbst legitimierend auf Geisterfahrungen berufen. Zwar könnte römisch-katholischerseits behauptet werden, dass der Geist wirksam ist, wo der Bischof von Rom entscheidet, aber dem steht wiederum ein recht zweifelhafter Befund entgegen. Ist die Geschichte des Papsttums doch nicht nur recht skandalträchtig, sondern auch von Entscheidungen geprägt, die im Nachhinein theologisch nicht anders denn als falsch bestimmt werden können. Ich hatte bereits darauf hingewiesen.

Systematisch schwerwiegender ist allerdings noch ein anderes Argument, das bereits angewendet wurde: Angenommen, der freie Gott existiert und ist wirklich Mensch geworden als der Jude Jesus aus Nazareth, dann müssen sich Berufungen auf den Heiligen Geist im Einklang befinden mit dem, was sich als Verkündigung Jesu rekonstruieren lässt. Dies kann aber gerade nicht bedeuten, sich bezogen auf sich heute stellende Fragen im Neuen Testament auf die Suche nach unmittelbaren Antworten zu machen. Ich mache dies an drei Beispielen deutlich. Dass (1) dieses Universum ungefähr 13,8 Milliarden Jahre alt ist, wusste Jesus nicht, und dass die Erde keine Scheibe darstellt, auch nicht. Was aber bedeutet dieses Wissen theologisch? Ob der recht schlichte *abba*-Glaube Jesu hinreicht, um angesichts eines solchen kosmologischen Wissens einigermaßen belastbare Antworten zu geben, scheint mir doch sehr zweifelhaft zu sein. Und auch hatte Jesus (2) noch nicht das psychiatrische Wissen unserer Zeit, sondern war von sozialkulturell wirksamen Vorstellungen von Besessenheit geprägt, die mit Dämonen und bösen Geistern rechnen. Eine Theologie, die sich aus den Wissensdiskursen der Gegenwart herauskatapultiert, nur um auch weiterhin Exorzismen zu praktizieren, handelt schlicht verantwortungslos. Stattdessen muss auch Jesus aus seinem soziokulturellen Umfeld verstanden werden, und in diesem Umfeld spielte der Dämonenglaube eine alltägliche Rolle. Und schließlich konnte Jesus, ein Mann vor gut zweitausend Jahren, auch noch kein Wissen von der Unterschiedlichkeit sexueller Präferenzen haben. Homosexuelle Praktiken wurden scharf verurteilt, ja, aber aus ganz anderen Gründen. Dass Homosexualität keine Pathologie darstellt, sondern eine Präferenz des Begehrens, die egalitär gelebt glücklich machen kann, setzt sich als Einsicht erst seit dem 19. Jahrhundert durch. In biblischen Zeiten wurde so noch nicht über Homosexualität nachgedacht. Die Verurteilungen richteten sich auf Vergewaltigungen von Männern durch Männer, und sie richteten sich, weil Nachkommenschaft zu zeugen zwingend notwendig war für den Fortbestand der Gemeinschaft, auf die Verschwendung von männlichem Samen.[70] Unzählige Fragen der Gegenwart wären zu nennen, auf die weder die Bibel noch die Tradition vorgefertigte Antworten geben können. Und immer noch wäre zu prüfen, wie viel Zeitgeistabhängigkeit, die möglicherweise kritisch zu korrigieren wäre, in solchen Antworten steckt. Deshalb schlage ich vor, die Verkündigung Jesu auf das hin zu verdichten, was sich von seiner substantiellen Gottesbotschaft sagen lässt, und von hier ausgehend das theologische Nachdenken einsetzen zu lassen.

Vergleichspunkt repräsentative Demokratie

Dies erledigt aber kein Heiliger Geist für den Menschen, und auch nicht für die Kirche als Glaubensgemeinschaft. In Ruhe und wissenschaftlich informiert nachzudenken, scheint mir das probatere Mittel zu sein. Wobei selbstverständlich nicht auszuschließen ist, sich nicht auch täuschen zu können. Zumal ja auch das vorgehaltene Wissen der Wissenschaften zwar harte Fakten kennt, die hier niemand leichtfertig bestreiten würde. Prinzipiell gilt jedoch, dass Wissenschaftswissen fallibel ist. Aber das ist das Menschenschicksal. Wenn Gott ein *alter Ego*, ein freies Gegenüber gewollt hat, dann liegt die letzte Verantwortung für dieses Risiko des Menschen, sich trotz allen Bemühens täuschen zu können, bei ihm. Gerne weise ich immer wieder darauf hin, dass sich das Menschenschicksal erst in dem Moment nachhaltig gebessert hat, als der Mensch seine Zukunft selbst durch Forschung in die Hand genommen hat. Dass derzeit auch die Folgen von Technikentwicklung und eines damit verbundenen ökonomischen Wachstums zu beobachten sind, diese sogar die Zukunft der Menschheit bedrohen, darf nicht verschwiegen werden. Ein prinzipielles Argument gegen die These, dass ohne Technikentwicklung die Menschheit immer noch hilflos Naturprozessen ausgeliefert wäre, lässt sich aus dieser in der Tat bedrohlich gewordenen Situation dennoch nicht entwickeln. Es bedarf der politisch organisierten Gegensteuerung.

Walter Kasper hat sehr entschieden davor gewarnt, Synoden mit Kirchenparlamenten zu verwechseln. Ich meine, es lohnt sich einmal darüber nachzudenken, ob die in modernen repräsentativen Demokratien, die von der Gleichheit aller ausgehen, etablierten Formen und Organe von Entscheidungsfindungen nicht doch eine Möglichkeit für die Kirche darstellen könnten – und dies wissend darum, dass in Demokratien politische Entscheidungen herbeizuführen, alles andere als ein einfaches Unterfangen darstellt. Dies ist zunächst deshalb so, weil Verantwortliche in der Politik immer auch auf das Wissen von Expert:innen des modernen Wissenschaftssystems zurückgreifen müssen. Nochmals: Hier gibt es ein hartes ,Faktenwissen', das sich so lange behaupten kann, wie es nicht doch noch durch eine andere Datenlage ersetzt wird. Interessanter für die hier verhandelten Fragen um den ,Synodalen Weg' ist das, was die historische Forschung als ,Wissen' ausgibt. Zwar muss dies immer quellenbasiert sein; der Anspruch historischer Forschung zielt selbstverständlich auch darauf, die historische Wahrheit zutage befördern zu wollen. Und dennoch gehen in die Interpretation des historischen Materials immer theoretische Vorentscheidungen ein. Es macht einen Unterschied, ob ich die Weltgeschichte als eine von Gott gelenkte Heilsgeschichte oder als einen sozialevolutiven Prozess lese. Zugleich geht es in einem Gemeinwesen, das sich über seine zukünftigen normativen Grundlagen verständigen muss, immer darum, Lehren aus der Geschichte zu ziehen. Immer vorausgesetzt natürlich, dass der *status quo* in einer Gesellschaft nicht von allen in freier Zustimmung als nur positiv beurteilt wird. Ist dies nicht der Fall – was der Normalfall ist –, so dienen Geschichtsrekonstruktionen immer auch dazu, Wertmaßstäbe und normative Optionen für die Zukunft zu legitimieren. In liberalen Demokratien ist der politische Entscheidungsfindungsprozess deshalb ein höchst kompliziertes Unterfangen. Es muss Faktenwissen berücksichtigt werden, was seit geraumer Zeit alles andere als unumstritten oder gar selbstverständlich ist. Auch wer ‚alternative Fakten' aufbietet, und seien diese auch noch so absurd, kann damit politische Erfolge erzielen. Noch sensibler wird es, wenn es um die Frage geht, wohin sich eine politische Einheit wie eine Nation nach außen entwickeln soll und welche Ideale nach innen hin bestimmend sein sollen. In säkularen, liberalen Demokratien wird dies ausgehandelt. Und selbstverständlich müssen innerhalb des geltenden Rechts auch immer Kompromisse geschlossen werden. Wäre dies nicht doch auch ein Modell für die Kirche?

Nochmals: Wenn Walter Kasper vermerkt, man dürfe Synoden vergangener Zeiten „nicht mit einem Kirchenparlament verwechseln", so hat er bezogen auf den *status quo* Recht. Der in Rom lehrende Kirchenrechtler Stephan Mückl hat sehr präzise aufgearbeitet, dass Kirchenparlamente in den Kirchen der Reformation der Entscheidungsfindung dienen, in der römisch-katholischen Kirche es hingegen zwar Synodalität gibt, aber diese in der Form von bischöflicher Synodalität.[71] Bischofssynoden dürfen dem jeweiligen Papst auch Vorschläge unterbreiten, aber: Ob diese lehramtlich wirksam werden, obliegt einzig und allein der höchsten (und in dieser Logik auch einzigen) Lehrautorität, dem Bischof von Rom.[72] Wenn Benedikt XVI. eine „Entweltlichung" der Kirche forderte, so kann man dies auch so interpretieren, dass er vor dem Einzug eines Parlamentarismus (also einer auf Demokratieprinzipien basierenden Entscheidungsfindungskultur) in die Kirche warnen wollte. Der von Christus selbst eingesetzte Papst ist wahrheitsunmittelbar, täuschungsresistent –

und deshalb braucht es in der Eigenlogik des Lehramtes nicht einmal die Unterscheidung zwischen dem außerordentlichen Lehramt, wenn der Papst etwas *ex cathedra* verbindlich festlegt, und dem ordentlichen Lehramt. Ich weiß nicht, ob Walter Kasper sich so interpretiert missverstanden fühlt. Aber ich glaube, dass man ihn so interpretieren darf und auch muss, wenn man seine Äußerungen ernstnimmt.

Wer praktiziert wahre Demokratie in der Kirche?

Konsensbildung scheint eine spezifische Form demokratischer Entscheidungsfindungskultur in der Kirche zu sein. Dass Joseph Ratzinger/Benedikt XVI. als den „Kern der Aufgabe des kirchlichen Lehramtes" ein „demokratisches Element" ausmacht, wurde bereits beobachtet. In diese Richtung denken auch andere. Jan-Heiner Tück hat jetzt kritisch gegen den ‚Synodalen Weg' gefragt, ob denn „die Mehrheit derer, die sich am Synodalen Weg in Deutschland aktiv beteiligen, tatsächlich die Mehrheit der praktizierenden Katholiken" vertrete, und er verbindet diese wohl eher suggestiv gemeinte Frage mit der Bemerkung, dass der „Verbandskatholizismus" „kaum für alle sprechen" könne.[73] Letzteres beansprucht der „Verbandskatholizismus" – höre ich eigentlich eine leichte Abwertung? – aber auch nicht. Allerdings hat der plural organisierte Katholizismus in Deutschland immer noch erhebliche Mitgliederzahlen.

Irritierender noch ist, dass im unmittelbaren Kontext von „praktizierenden Katholiken" die Rede ist. Verbandskatholiken scheinen nicht immer auch praktizierende Katholiken zu sein. Was unterscheidet dann aber praktizierende Katholiken von nicht-praktizierenden Katholiken? Ist die Nicht-Verwendung einer Sprache, die andere als gendergerecht bezeichnen, Indiz für einen praktizierenden Katholiken? Oder ist das Indiz ein regelmäßiger Empfang der Sakramente? War Papst Pius IX. ein praktizierender Katholik, obwohl er moderne Menschenrechte verurteilt hat?

Noch irritierender ist, dass Tück überhaupt das Mehrheitskriterium ins Spiel bringt. Sein Verdacht lautet, dass die „Synode von theologischen Zirkeln dominiert" werde, „die kluge Papiere" produzierten, „sich von den Gläubigen aber weithin gelöst" hätten. Papst Franziskus warne hier vor der Versuchung des „Intellektualismus".[74] Möglicherweise meint er auch gar keine rein zahlenmäßige Mehrheit, sondern eine Mehrheit, die deshalb immer die Mehrheit ist, weil sie die *wahre* Mehrheit oder das wahre katholische Kirchenvolk ist. Das ,kluge' müsste dann wohl auch als ironisch gemeint interpretiert werden. So ganz kann ich mich des Verdachts jedenfalls nicht erwehren, dass in der Kritik von Tück am ,Synodalen Weg' ein ,wahres Volk' gegen angeblich theologisch-intellektuelle Eliten positioniert wird. Damit darf er sich ganz auf der Seite von Papst Franziskus wissen. Aber ist das schon ein überzeugendes Argument? Dass Tück dazu rät, „von der illusionären Idee der Verstetigung des Synodalen Rates Abstand zu nehmen"[75], kann kaum überraschen. Ich kann mir auch nicht vorstellen, dass dieser Vorschlag ernsthaft in absehbarer Zeit in Rom Akzeptanz findet. Insofern könnte Tück mit seiner Warnung vor einer Illusion Recht haben. Aber sollte nicht neben der Warnung vor einer „Diktatur des Relativismus" (Joseph Ratzinger/Benedikt XVI.) auch einmal darüber nachgedacht werden, ob nicht das Faktische in Gestalt der rechtlichen Kirche die Überlieferung des Evangeliums in die nächsten Generationen ersticken könnte?

Gerne gebe ich aber zu, dass dann darüber zu diskutieren wäre, worin eigentlich die Substanz des Evangeliums besteht. Dass es um die Gottesfrage innerkirchlich still geworden ist, ist richtig. Aber wenn Tück meint, dass „neben Strukturfragen" wieder „verstärkt" „theologische Themen in den Fokus zu rücken seien", so läuft dies auf nichts anderes als auf die ablenkende Strategie hinaus, die Walter Kasper schon seit Jahrzehnten betreibt. Es ist keine Strukturfrage, ob gleichgeschlechtlich Liebende ihre Liebe auch vor Gott leben dürfen und von ihm gesegnet sind oder nicht. Es ist eine Frage des veranschlagten Gottes: Kennt der christliche Gott ein Recht auf Selbstbestimmung oder nicht?

Dennoch, da gebe ich Tück recht, sind „(k)luge Antworten auf die Glaubenskrise und das Sinnvakuum der ‚Gottes-Ebbe' (Botho Strauss)" rar geworden. Ob der eine und einzige Gott tatsächlich nach 13,8 Milliarden Jahren Mensch wurde, um sich einem möglicherweise sogar für ihn überraschend, wenn auch erhofft, in seiner Schöpfung auftauchenden *alter Ego* zuzuwenden, wäre möglicherweise eine solche Frage. Möglicherweise würde eine solche Frage auch „außerhalb der Kirche Interesse finden", und dies allzumal dann, wenn auch noch Angebote gemacht würden, wie man theologisch mit einer solchen Frage umgehen könnte. Aber ich habe schlicht nicht die intellektuelle Phantasie, mir einen Gott vorstellen zu können, der immer bereits entschieden war, die Schlafzimmer von Menschen kontrollieren zu wollen, die nun einmal gleichgeschlechtlich liebend glücklich werden. Ebenso wenig kann ich in mir die Phantasie hervorbringen, dass ein solcher Gott eine monopolistische Wahrheitsinstanz in der Gestalt eines außerordentlichen Lehramtes in seiner ewigen Vorsehung gewollt hat, um die Kollateralschäden eines ebenfalls bereits in seiner ewigen Vorsehung (oder doch nicht?) gewussten Sündenfalls nicht ausufern zu lassen.

Selbst das ordentliche Lehramt, immer außerordentlich – und sogar unfehlbar

Dass Walter Kasper Synodalität anders, geisterfüllter oder gar geistgelenkt denken will als eine auf der Basis von Diskussionen Mehrheiten organisierende Kirchensynode, hatte ich bereits herausgestellt. Ein wenig hat es mich aber auch überrascht. Der Rekurs auf den Heiligen Geist war historisch betrachtet immer heikel. Wenn es einen christlichen Pluralismusagenten gab, dann war es der Heilige Geist. Gar nicht mehr zu zählende christliche Denominationen und Gemeinschaften haben sich bereits auf den Heiligen Geist berufen und tun dies bis heute. (Wer ein selbstverständlich nur von außen als ein solches existierendes Legitimationsdefizit wahrnahm, hat sich auf den Heiligen Geist berufen. Religiöse Ekstase war noch nie selbstkritisch gegen sich selbst.) In der römisch-katholischen Logik nochmals konsequenter ist Karl-Heinz Menke. In einem Tagespost-Artikel, der sich um die Verbindlichkeit von *Ordinatio sacerdotalis* von Johannes Paul II. kümmert, analysiert Menke das Verhältnis von außerordentlichem Lehramt der Päpste und dem ordentlichen Lehramt. Nebenbei bemerkt, für die in katholischen Angelegenheiten nicht so tagtäglich Bewanderten, geht es in *Ordinatio sacerdotalis* um die Frage eines Frauenpriestertums. Da die Debatten danach weitergingen, hatte es – von Menke zitiert und auch von mir hier jetzt wiedergegeben – eine Klarstellung des damaligen Präfekten der Glaubenskongregation Joseph Ratzinger gegeben:

105

„Wenn das Lehramt des Papstes eine Lehre bekräftigen will, die mit Sicherheit seit den apostolischen Anfängen zur Überlieferung der Kirche gehört und objektiv von der gemeinsamen und universalen Lehre der Bischöfe in Gemeinschaft und dem Nachfolger Petri vorgelegt wird, so ist dieser besondere Akt der *Bekräftigung*, auch wenn er nicht in Form einer *Definition* oder einer *feierlichen Entscheidung* erfolgt, dennoch eine explizite Bezeugung der unfehlbar vorgelegten Lehre der Kirche. Denn müsste der Papst mit einer *Definition ‚ex cathedra'* einschreiten, wenn es darum geht zu erklären, dass Glaubens- und Sittenlehre beständig in der lebendigen Überlieferung der Kirche und vom ordentlichen und universalen Lehramt vorgelegt werden, würde das implizit zu einer Minderung des letzteren führen, und die Unfehlbarkeit würde ausschließlich Definitionen *ex cathedra* oder Definitionen eines Konzils vorbehalten sein."[76]

Wie gesagt ist diese Argumentation jetzt noch einmal von Karl-Heinz Menke aufgegriffen worden.[77] Im Hintergrund der Ausführungen steht die anhaltende Diskussion, ob die Erweiterung des Lehramtes um ein außerordentliches Lehramt nicht eine Erfindung des 19. Jahrhunderts sei. Die kirchenpolitische Strategie einer solchen historischen Rekonstruktion ist klar: Indem die Definition des außerordentlichen Lehramtes aus einer spezifischen historischen Konstellation des 19. Jahrhunderts abgeleitet wird, soll sie relativiert werden. Menke hält mit einem Mischargument dagegen, das sowohl einen historischen als auch einen systematischen Aspekt enthält. Es lohnt sich, etwas ausführlicher zu zitieren, da die Ausführungen Menkes aufschlussreich sind.

„Das außerordentliche Lehramt (Konzilien und päpstliche Kathedralentscheidungen) gäbe es gar nicht ohne das ordentliche Lehramt der vielen Apostelnachfolger, die täglich den (!, M. S.) Glauben der Gläubigen ins Wort fassen, reflektieren und tradieren. Anders gesagt: Nur weil es eine ständige Auslegung von Schrift und Tradition durch viele Apostelnachfolger gibt, kann das außerordentliche Lehramt der Konzilien und des Papstes bestimmte Inhalte der so entstandenen Tradition herausgreifen und in Definitionen fassen, die für die gesamte Zukunft der Kirche verbindlich sind. Wer meint, nur die vom außerordentlichen Lehramt definierten Inhalte seien Bestandteil des Christusbekenntnisses, verkehrt das Verhältnis von außerordentlichem und ordentlichem Lehramt in sein Gegenteil. Definitionen des außerordentlichen Lehramtes sind die Ausnahme. Dogmen (!, M. S.) des ordentlichen Lehramtes sind die Ausnahme. Andernfalls wären die (!, M. S.) Christen bis zu den ersten Definitionen des außerordentlichen Lehramtes im Jahre 325 (erstes Konzil von Nicäa) in ihrem Glauben frei von jedem Dogma (frei von jeder Verbindlichkeit) gewesen, was anzunehmen absurd ist. Wer die Definitionen des außerordentlichen Lehramtes als Inhalte der göttlichen Offenbarung bezeichnet und die Dogmen des ordentlichen Lehramtes als zeitbedingte und also veränderliche Interpretationen relativiert, übersieht, dass das Verstehen der ein für alle Mal ergangenen Offenbarung niemals ‚vom Himmel fällt', sondern immer durch den (!, M. S.) Glauben aller praktizierenden Gläubigen (!, M. S.) und durch die Glaubensverkündigung aller Apostelnachfolger vermittelt ist."[78]

Man kann Menke dankbar sein für diese Klarstellung, aber es bleiben auch Fragen. Konsequent interpretiert, sind in dieser Logik alle Äußerungen des ordentlichen Lehr-

107

amtes Dogmen. Nur fragt man sich, warum es dann überhaupt noch zu Definitionen des außerordentlichen Lehramtes (was in der Tat bisher ja nur sehr selten geschehen ist) kommt oder kommen muss. Mit Carl Schmitt gedacht, könnte es der „Ausnahmezustand" sein, über den „(s)ouverän" entschieden wird[79], sprich: Das außerordentliche Lehramt äußert sich definitiv, indem es den Ausnahmezustand feststellt und zugleich sich als Souverän konstituiert beziehungsweise sich stabilisiert (was zugegebenermaßen in der lehramtlichen Logik falsch formuliert ist, weil es sich gar nicht stabilisieren muss, da es von Christus mit Ewigkeits- und Wahrheitsfähigkeitsgarantie ausgestattet ist). Interessant zu spekulieren ist, wie nach Menke diese Situation, in der klargestellt werden muss, überhaupt entstehen kann. Zunächst geht er davon aus, dass die Offenbarung „ein für alle Mal ergangen" sei. Dem ist zuzustimmen. Denn wenn 1) Gott selbst als der Jude Jesus Mensch geworden ist, dieser Jesus 2) bis ins Äußerste hinein gelebt hat, was und wer Gott für den Menschen sein will: unbedingte Liebe, die auch den radikalsten möglichen Widerspruch gegen sich erträgt, diesen bis in die Kreuzesqualen hinein aushält, so kann es 3) unter den Bedingungen der Geschichte kein größeres Zeichen für die Unbedingtheit dieser Liebe geben.[80] Insofern ist *die Offenbarung unbedingt*, weil sie zum einen in Gottes souveräner Freiheit gründet und sie zum anderen soteriologisch betrachtet ein Geschehen darstellt, das ein für alle Mal gilt. Darauf, dass dies logisch einleuchten mag, es aber dennoch Menschen gibt, die wohl glauben möchten, dass Gott sich so offenbart hat, dies aber nicht können, will ich nur hinweisen. Zu denken gibt aber, dass Menke seine Überlegungen zum Zusammenhang von ordentlichem und außerordentlichem Lehramt nicht angesichts solcher grund-

sätzlicher Überlegungen zum Inhalt des Offenbarungs-
glaubens anstellt, sondern in einem Text, der sich nochmals der Frage widmet, warum *Ordinatio sacerdotalis* als
endgültige, nicht mehr revidierbare Entscheidung des ordentlichen Lehramtes in der Frage zu verstehen sei, warum
es kein Frauenpriestertum geben könne. Menke reagiert
auf die nachhaltigen Debatten in dieser Frage, die doch
eigentlich nach *Ordinatio sacerdotalis* nicht sein dürften.
Sollte im Vorfeld von *Ordinatio sacerdotalis* lehramt-
licherseits ein ‚Ausnahmezustand' identifiziert worden
sein, den es zu klären gegolten habe, so scheint dies gründ-
lich missglückt zu sein. Denn die Debatten verebben ganz
offensichtlich nicht. Wie aber erklärt Menke dieses Phänomen im Jahr 2022?

Menke erinnert zwar daran, dass „ein für alle Mal er-
gangene Offenbarung" nicht direkt, sondern „vermittelt"
zugänglich ist. Aufschlussreich ist, dass er zwei Vermitt-
lungsinstanzen nennt. Zunächst die „aller Apostelnachfolger". Ob diese Vermittlungsinstanz so einmütig ist, sei
dahingestellt; darauf wurde bereits verwiesen. Noch interessanter ist die andere von ihm aufgerufene Vermittlungsinstanz der Offenbarung: das sind alle die, die „den Glauben" praktizieren (!, M. S.).[81] Übersetzt heißt dies: Wer
immer noch über die Möglichkeit des Frauenpriestertums
nachdenkt oder dies gar fordert, glaubt nicht, praktiziert
den Glauben nicht richtig. Ich wusste nicht, wie diese Ausführungen von Menke anders interpretiert werden sollten.
Wie schon bei Tück zu beobachten, reiht sich Menke bei
‚praktizierenden Katholiken' ein und macht daraus ein Argument. Aber war nicht auch der im Vorwort erwähnte
Hermann Krings ein praktizierender Katholik? Jedenfalls
seinem Selbstverständnis nach? Wer entscheidet eigentlich

darüber, wann jemand katholisch praktiziert und wann nicht?

Fast gleichzeitig zum derzeit gerne wieder zitierten Vortrag Joseph Ratzingers zum Neuheidentum in der Kirche[82] hat Ernst-Wolfgang Böckenförde ebenfalls in der Zeitschrift Hochland einen Aufsatz zum Thema *Das Ethos der modernen Demokratie und die Kirche* veröffentlicht.[83] Erfahrungen der Geschichte zeigten, „daß es in ihr kein Zurück" gebe. Es wäre spannend, von Böckenförde zu erfahren, ob er auch fast siebzig Jahre später noch so formulieren würde. In unmittelbarem Kontext dieser Einschätzung findet sich ein Satz, der die ganze Demokratieüberzeugung des gleichzeitig überzeugten Katholiken zum Ausdruck bringt: „Nachdem der Boden der Autonomie und der Freiheit einmal erreicht ist, lassen sich Autorität und Hoheit nicht gegen diese, sondern nur durch sie hindurch, das heißt aus allgemeiner innerer Bejahung begründen."[84] Böckenförde beschreibt die Kirche zugleich als eine Größe, die gemäß ihrer eigenen Verfassung „auf Autorität und Gehorsam" gründe.[85] Es mag immer noch Katholiken geben, die im Gehorsamsprinzip die Substanz katholischer Kirchenmitgliedschaft sehen und dieses Prinzip auch noch als den Identitätsmarker wahrer Gläubigkeit ausgeben. Andere hingegen haben längst gelernt, dass demokratische Regeln zur Aushandlung dessen, was gelten soll, nicht nur auf dem Gebiet des Politischen, sondern auch kircheninternen einen Gewinn darstellen könnten. Denn dies würde ja keineswegs bedeuten, dass nicht begründet werden müsste.

Und ob derzeit Begründungen seitens des römischen Lehramtes vorgetragen werden, ist doch sehr die Frage. Ich darf nur erinnern an den bereits erwähnten Brief aus Rom zum ‚Synodalen Weg', der seiner Diktion nach doch eher feststellend ist. Wenn es eine Begründung gibt, warum er so formuliert ist, wie er formuliert ist, dann lautet diese: Wer die Autorität hat, muss nicht begründen. Jedenfalls dem Selbstanspruch nach. Aber auch Autorität kann verdunsten. Nur der besitzt Autorität, dem sie zugeschrieben wird.

V. Die Sakramentalität der Kirche
neu denken

Wenn Jan-Heiner Tück mit Botho Strauß eine „Gottes-Ebbe" ausmacht, so ist mir nicht ganz klar, was er damit meint und wie er diese Diagnose belastet. Sicherlich müsste man eine solche Diagnosestellung regional sehr genau präzisieren. Vermutlich bezieht Tück sich aber auch nicht auf einen globalen Kontext, sondern auf die ehemals stark von einem bestimmten Christentum christianisierten europäisch-westlichen Gesellschaften, wie sie sich im Gefolge der politischen Säkularisierungsprozesse entwickelt haben. Ob diese allerdings tatsächlich einfach gottlos, indifferent gegenüber der Gottesfrage geworden oder nicht eher religiös krisengeschüttelt sind, weil eine alte Theologie ihre Überzeugungskraft und Lebensplausibilität verloren hat, wäre nachdenklich zu überprüfen. Dass wir nur *Launen der Natur* sein könnten, hat sich jedenfalls in den kulturellen Szenen der Gegenwart wirksam herumgesprochen. Und diese Möglichkeit kann auch nicht ausgeschlossen werden. Im Übrigen wäre für ein solches Ausschlussverfahren, dass der freie Gott nicht nicht existieren kann, auch nicht die Theologie, sondern die Philosophie zuständig. Ich kann nicht sehen, dass sich hier noch einmal zureichende Gründe für einen Beweisgang für die Existenz des freien Gottes abzeichnen würden.

Innerhalb eines Textes zum ‚Synodalen Weg' wird man allerdings ohnehin mutmaßen dürfen, dass die Metapher von der „Gottes-Ebbe" von Tück deshalb aufgerufen wird, um an die aus seiner Perspektive eigentlichen Fragen in der

Kirche zu erinnern. Ob Strauß dafür der beste Kandidat ist, wage ich zu bezweifeln. Ein vages Transzendenzgeraune erinnert noch nicht an den Gott, der in biblischen Zeiten als der *Ich bin der, der ich für Euch da sein werde* (Ex 3,14) das Licht der Welt erblickt und nachhaltig die Freiheitssehnsucht des Menschen befördert hat, weil im Namen dieses Gottes Gerechtigkeit und Freiheit gefordert wurden. Ex 3,14 verspricht einen Gott, der Zukunft schafft, aber: Dieser Gott soll bereits jetzt Wirklichkeit werden in den sozialen und gesellschaftlichen Verhältnissen. Man muss nicht die *Dialektik der Aufklärung* vergessen, wenn man die These vertritt, dass man in den Ursprüngen der Aufklärung des 18. und 19. Jahrhunderts mehr vom Gott Israels und damit vom Gott Jesu verstanden hat, als man dies im mit dem modernen Menschenrecht bis heute fremdelnden Rom je getan hat.

Deutlich produktiver scheint mir die Frage zu sein, ob sich nicht dann, wenn man sich radikal auf das Freiheitdenken der Neuzeit einlässt, der Sinngehalt christlichen Glaubens in einer produktiven Weise neu erschließen lässt. Dies setzt allerdings voraus, sich eine Kurzformel eines solchen Glaubens zuzutrauen – eine Kurzformel, die sich als eine Geschichte erzählen können muss. Denn der biblische Gott ist ein Gott der Geschichte; hier wird von einem Gott erzählt, der keine Scheu hat, sich auf die Menschheit einzulassen.

Warum wurde Gott Mensch? Ein Vorschlag

Ich schlage in klarer Abwendung von einer auf die Sündhaftigkeit des Menschen fixierten Tradition die Erzählung von einem Gott vor, der von Anfang an dazu entschieden war, sollte sich ein *alter Ego* in der Welt zeigen, diesem begegnen und ihn mit seiner Liebe erfüllen zu wollen. Wie bereits im Anschluss an Duns Scotus und Wilhelm von Ockham ausgeführt, wird damit als der eigentliche Grund der Inkarnation Gottes als der Jude Jesu dessen Selbstbindung an seinen Schöpfungsentschluss bestimmt. *Gott wurde Mensch, um sich und der von ihm ermöglichten Freiheit, seinem alter Ego, treu zu bleiben.* So lautet die von mir vorgeschlagene Kurzformel des Glaubens. Nur: *If only.*

Ja wenn überhaupt der freie Schöpfergott existiert, der sich durch seine Inkarnation treu bleiben wollte in seiner Sehnsucht nach einem freien Gegenüber. Selbstverständlich handelt es sich hier um eine Interpretation. Sollte aber der Grund der Menschwerdung auszudeuten sein, wie ich es gerade vorgeschlagen habe, so könnte der Mensch im Glauben daran eine Zuversicht ableiten, über die hinaus keine Größere mehr denkbar ist. Denn der vom Juden Jesus verbürgte Gott hat ein Versprechen auf Rettung über den Tod hinaus gegeben, dass Menschen zwar nicht davon entpflichtet, das ihnen Mögliche auch zu tun. Aber dieser Gott entlastet Menschen zugleich davon, sich überzustrapazieren und das leisten zu wollen, was ihnen ohnehin nicht möglich ist. Es ist die Gnade Gottes, unbedingt von Gott anerkannt, gewollt und geliebt zu sein, die Jesus verkörpert in seiner Zuwendung gerade zu denen, die am Rande der Gesellschaft stehen und denen die soziale Achtung verweigert wurde. Dem Menschen ist seine Freiheit auch Aufgabe, unausweichlich, aber: Das Ja Gottes zu ihm gilt in jedem Fall. Dieses unbedingte Ja Gottes zu einem jeden Menschen hat die Kirche darzustellen, in sich lebendig werden zu lassen. Tut sie das, so kann sie Sakrament für die Welt werden.

Den Grund der Inkarnation so auszudeuten, ist möglicherweise falsch. Aber mit einer allen Menschen anrechenbaren Sünde durch die Tat Adams rechnen zu sollen, strapaziert das moralische Bewusstsein der Freiheit zu stark, als dass dies akzeptiert werden könnte. Ein Gott, der sich in seinem Erlösungshandeln abhängig macht von einem blutigen Kreuzesopfer, verletzt das moralische Gefühl. In der dogmatischen Tradition ist der Grund der Menschwerdung viel zu stark aus der Perspektive der Sündhaftigkeit des Menschen gedacht worden. Spätestens als Augustinus die theologische Bühne betrat und seine enorme Wirksamkeit entfalten sollte, konzentrierte man sich in der westlichen Welt darauf, das Kreuz Jesu als Erlösung aus der Sündenverfallenheit zu deuten. Was hier objektiv als Genugtuung geleistet war, musste nun noch subjektiv angeeignet werden. Allerdings zeichnet sich bereits beim späten Augustinus (ab 397/98) die deutliche Tendenz ab, auch noch die Annahme dieser Satisfaktion Jesu durch das blutige Kreuzesopfer als Werk der Gnade Gottes zu denken.[86] Alles muss das eine Werk Gottes sein, weil die Kinder Adams keine Freiheit mehr gegenüber Gott besitzen und jede Freiheitsregung von der Sünde affiziert ist. Wer meint, aus Freiheit glauben zu können, sündigt.

Dass dies intellektuell nicht mehr nachzuvollziehen ist, sollte eigentlich nicht mehr begründungsbedürftig sein. Wie stark der Verdacht der Hybris des Menschen gegenüber seinem Schöpfergott wirksam ist, lässt sich auf dem ,Synodalen Weg' gleichwohl bei denen studieren, die keine Änderungen in der Sexualmoral wollen. Aus mindestens zwei Gründen kann diese Konstruktion christlichen Glaubens nicht aufgehen. So ist die intellektuelle Delegitimierung dieser Konstruktion bereits seit dem 19. Jahrhundert zu beobachten. Dass (1) das biologische Geschehen keine

Rücksicht auf den Menschen nimmt, Krankheit und Einschläge der Natur aber wohl kaum auf eine Sünde Adams zurückgeführt werden können, was ja im Umkehrschluss bedeuten würde: ohne diese Sünde wären die Zustände paradiesisch geblieben, hat sich auch in christlichen Milieus inzwischen weitgehend herumgesprochen. Ein solches Konstrukt lässt sich mit dem evolutionstheoretischen Wissen nicht vereinbaren. Zudem ist es zutiefst unbiblisch. Bereits im Buch Hiob wird ein Zusammenhang zwischen dem physischen Elend und einem möglichen moralischen Versagen des Menschen abgelehnt. Der Jude Jesus wird sich dieser Kritik anschließen. Gravierender für die hier verhandelten Fragen ist aber (2), dass mit den in der Neuzeit immer entschiedener einsetzenden Reflexionen auf das Phänomen menschlicher Freiheit diese ganze, die Freiheit des Menschen vertilgende Sündenkonstruktion ihre Überzeugungskraft verloren hat. Autonomiebewusstsein hat nichts damit zu tun, autark sein zu wollen. Wer sich selbst bestimmen will, wird deshalb noch lange nicht zwangsläufig ethisch unsensibel gegenüber dem anderen Menschen. Zwar hat es auf der realen Ebene immer einen maßlosen, grauenhaften Missbrauch menschlicher Freiheit gegeben. Dies hat seinen Grund aber nicht darin, dass in der Neuzeit in einer nun reflexiven Weise ein Bewusstsein von Autonomie entwickelt wird, sondern darin, dass der Mensch als Freiheitswesen faktisch dazu neigt, seine Freiheit zulasten anderer Menschen zu missbrauchen. So hat man, nachdem man aus philosophischen Gründen die Erbsündenkonstruktion verabschiedet hatte, ja auch nicht aufgehört darüber nachzudenken, warum der Mensch diesen abgründigen Hang zum Bösen in sich hat. Ich hatte bereits auf Georg Büchner hingewiesen.

Treue Gottes und apostolische Sukzession

Wenn aber der eigentliche Grund die Treue Gottes zu seiner Schöpfungsintention war, die ihn zu seiner Menschwerdung bewegt hat, um nun unter den Bedingungen der realen Geschichte für sich zu werben – und: angesichts der gnadenlosen Gewalt, die in den gesellschaftlichen und sozialen Verhältnissen herrscht, für eine andere Welt einzustehen –, dann hat sich eine apostolische Sukzession daran auszurichten. Immer hat es zunächst um die Rechte derer zu gehen, die im Prozess der kulturellen Evolution um diese Rechte zu kämpfen haben und häufig genug ein Leben lang gedemütigt werden, wenn sie nicht gar die Opfer von Gewalt und Folter werden. Sollte Gott ein Freund des Lebens sein, wie immer wieder einmal zu hören ist, dann hat er enorm viel riskiert. Denn es hat keinen guten Anfang gegeben, sondern nur eine offene Geschichte, als sich das erste bewusste Leben regte. Aber Gott hat auch für sich selbst viel riskiert: Der Jude Jesu wurde grausam umgebracht. Die Vorstellung einer apostolischen Sukzession so zu denken, nötigt dann auch in ein neues Verständnis des Amtes: Die dürfen sich in dieser Sukzessionstradition wissen, die eine entsprechende Nachfolgepraxis pflegen. Dies hat dann auch Konsequenzen für das ordinierte Amt.[87]

Man kann nicht über apostolische Sukzession nachdenken, ohne über die Gottesfrage nachzudenken. Auch ekklesiologische Fragen können theologisch nicht angegangen werden, ohne die Frage nach Gott zu stellen – und dessen Verhältnis zur menschlichen Freiheit. Wenn Tück, Kasper und wer auch immer fordern, die Gottesfrage zu stellen, dann haben sie damit recht, solange dies nicht nur dazu führen soll, andere Themen abzudrängen. Aber dann müssen auch konstruktive Angebote her, wie dies in Lebenswelten geschehen soll, die gänzlich anders geworden sind als zur Zeit des Juden Jesus oder auch im Vergleich zu denen des Frühmittelalters oder des 19. Jahrhunderts, und welcher Freiheitsbegriff leitend sein soll.

Nicht ein harter Atheismus auf der Linie des Religionskritik des 19. Jahrhunderts stellt noch die zentrale theologische Herausforderung dar. Harte Naturalisten lassen sich ohnehin nicht in ein Gespräch über Gott ziehen, weil diese schon kein Subjekt kennen, dass sich selbst bestimmen kann und deshalb, weil es mit sich selbst hadert und ihm der kommende Tod zuwider ist, eine Gottessehnsucht aus sich heraustreibt. Wenn das Ich eine Fiktion ist, dann Gott erst recht. Oder aber es gibt einen Gott, um den aber kein Ich in einer reflexiven Weise weiß oder den es zumindest erahnt, weil das Ich das Ich eines Niemands ist. Allerdings ist der Naturalismus eine theoretisch unhaltbare Position. Dass sich eine zu sich selbst ‚ich‘ sagende Person in einer darum wissenden Weise auf die ‚Welt‘ und in eins damit noch einmal auf sich selbst bezieht, hat noch kein naturalistischer Versuch zu erklären vermocht. Seine fröhliche Wiederkehr feiert er dennoch immer wieder. Umgekehrt feiert aber auch die Sehnsucht immer wieder neu ihre Wiederkehr, weil sie sich zumindest nicht einverstanden geben kann mit dem, was ist und in der Welt geschieht. Zugleich scheint es ein basales Bedürfnis im Menschen zu geben, sich bereits jetzt in einer Wirklichkeit festmachen zu können, die dann das ‚Göttliche‘[88] oder auch Gott genannt wird – auch der Glaube daran, dass Gott selbst als der Jude Jesus sich endgültig als der offenbar gemacht hat, als den bereits Israel ihn in der Exodus-Formel *Ich bin der, der ich für Euch da sein werde* beschwört, einen Gott, der dem Menschen entgegenkommt. Der Name Gottes war und ist ein Protestwort, und der Glaube war und ist ein vertrauender Glaube.

Oder wollen Tück und Kasper mehr Gottesgewissheit beanspruchen? Nur wie ist die begründet? Durch mehr Offenbarungsgewissheit?

Kirche lernt Menschenrechte

Wenn Papst Franziskus in seinem Brief an *An das pilgernde Gottesvolk* die Evangelisierung als das eigentliche Ziel synodaler Prozesse ausgegeben hat, dann frage ich mich ein wenig: ja, womit denn? In der Tat ist eine Kirche, die nichts Eigenes mehr zu bieten hat, überflüssig. Wenn sie evangelisieren will, dann muss sie Glaubensangebote machen. Mein Verdacht lautet aber seit geraumer Zeit, dass im Raum der Kirche die Chance verpasst wurde, anschlussfähig zu werden an ein Selbstverständnis von Menschen, die in einer im Vergleich zu den Jahrhunderten zuvor anders gewordenen gesellschaftlichen und kulturellen Gegenwart leben. Zumindest in den freien, nicht autoritär gelenkten Gesellschaften praktizieren Menschen Freiheit. In einer „polyzentrischen Weltkirche" (Johann Baptist Metz) kann das jeweilige Selbstverständnis von Menschen auch nochmals stark voneinander abweichen. Aber auch dies kann kein Argument dafür sein, das durch ein anderes Freiheitsbewusstsein veränderte menschliche Selbstverständnis theologisch nicht ernst zu nehmen. Entweder es wird theologisch zur Geltung gebracht oder aber der Glaube in seiner als Katechismus angebotenen Form wird irrelevant.

Wird aber Freiheit akzeptiert, so hat dies unvermeidlich Folgen für die Ausgestaltung dessen, was aus theologischen (!, M. S.) Gründen Kirche genannt wird. Nur durch negative Abgrenzung wird man nicht überzeugend darlegen können, wie eine Kirche der Zukunft aussehen könnte. Wenn Franziskus in einem Interview bezogen auf den ‚Synodalen Weg' beiläufig anmerkt, er habe dem Vorsitzenden der Deutschen Bischofskonferenz gesagt, es gebe in Deutschland „eine sehr gute evangelische Kirche", es brauche nicht „zwei von ihnen"[89], so ist dies vorsichtig gesagt irritierend. So ganz kann ich mich des Verdachts nicht erwehren, dass er genau sieht, dass Luther in einigen der evangelischen Landeskirchen längst nicht mehr die maßgebliche Rolle spielt, sondern dass man hier längst ein modernes Freiheitskonzept etabliert hat. Könnte man hier nicht doch lernen?

Historische Stärke neu erlernen

Historisch betrachtet, war die katholische Kirche jedenfalls immer dann stark, wenn sie keine Abgrenzungspolitik betrieb, neugierig unterwegs war und das, was konstruktiv nach vorne zeigte und insofern modern war, in sich hineinkopiert hat. Nur deshalb lassen sich bis heute in Rom die Bilder Caravaggios bestaunen. Es waren Auftragsarbeiten, doch zugleich lassen sich die intellektuellen Spannungen der damaligen Zeit an diesen Bildern studieren, die Caravaggio selbstbewusst ausgetragen hat. Offensichtlich bringen seine damals provokativen Werke bis heute Menschen ins Staunen, aber auch ins Nachdenken über den Glauben. Produktiv ging es immer dann in der Kirche zu, wenn in ihr Freiräume zugelassen wurden. Nur weil ein Bartolomé de Las Casas (1484–1566) sich das eigene Nachdenken nicht verboten hat, wurde er zu einem der schärfsten Kritiker der

spanischen Eroberungen in Lateinamerika und stritt für
die Würde der indigenen Völker. Dabei musste Las Casas
selbst erst umdenken. Das soziale Umfeld prägt eben.
Menschen sind immer Kinder ihrer Zeit. Auch er hatte
sich, bevor er sich auf die Seite der Indigenen stellte, an
der Sklaverei beteiligt. Mit seinem Umdenken hat er zu-
rückgefunden zu einem Ethos, das sich biblisch beispielsweise im Gleichnis vom barmherzigen Samariter zeigt oder
bei Paulus, wenn dieser betont, hier seien weder „Jude
noch Grieche, nicht Sklave noch Freier, nicht Mann noch
Frau" (Gal 3,28). Unzählige andere Beispiele ließen sich
für das Phänomen benennen, dass Lernprozesse angesto-
ßen werden können, biographisch und auch institutionell.

Und so wäre es historisch auch zu vereinfachend zu behaupten, dass die katholische Kirche nicht auch dazu bei-
getragen hätte, die Würde aller Menschen zu betonen.
Wenn man sich aber auf dem Zweiten Vatikanischen Konzil, wenn auch nicht mit der notwendigen Konsequenz,
dem modernen Menschenrechtsdenken angenähert hat,
dann auch deshalb, weil man ihr von außen den Blick auf
die Sackgasse geschärft hatte, in die sie sich begeben hatte,
als sie die Menschenrechte verurteilt hatte. Sich anregen zu
lassen und zu prüfen, ob umzudenken nicht die bessere
Möglichkeit wäre, gehört zu einem aufgeklärten Vernunft-
gebrauch. Wenn Franziskus deshalb sagt, es gebe schon
eine „sehr gute evangelische Kirche in Deutschland", so
frage ich mich, warum das, was „sehr gut" sein soll, in
der katholischen Kirche in Deutschland und möglicherweise sogar weltweit nicht übernommen werden sollte.
Andernfalls wäre doch die Konsequenz die, dass man lieber eine schlechte katholische Kirche sein will, nur um die
eigene Identität nicht zu gefährden oder gar preisgeben zu

müssen. Oder aber das „sehr gut" läuft auf ein toxisches Lob hinaus.

,Synodaler Weg' als Symptom einer überfälligen Debatte

Dass ich die auf dem ,Synodalen Weg' verhandelten Fragen für leicht lösbar halte, wenn man sich denn theologisch auf das Freiheitsdenken von Neuzeit und Moderne einließe, hatte ich bereits klargestellt. Und es geht auch gar nicht darum, sich auf dieses einzulassen, sondern innerhalb dieses Denkens die Substanz des eigenen Glaubens verstehend zu erschließen. Wenn *Freiheit sein soll*[90], dann gilt dies in moralisch-ethischer Hinsicht, sodass Korrekturen an der bisherigen Moraltheologie nicht nur möglich, sondern sogar zwingend notwendig sind. Dann muss sich aber auch der Kern des Evangeliums von dem menschgewordenen Gott freiheitssensibel und zugleich so auslegen lassen, dass die Gläubigen nicht in eine intellektuelle Schizophrenie geraten. Allerdings zeigen die Debatten auf und rund um den ,Synodalen Weg' sehr deutlich, dass es kaum eine Einigung in diesem Punkt geben kann. Am Freiheitsthema brechen derzeit die Gegensätze in der Kirche auf.

Ich möchte nicht falsch verstanden werden: Die Debatten um die Anerkennung des Freiheitsprinzips und partizipativer Entscheidungsstrukturen auf dem ,Synodalen Weg' sind zu führen, weil sie schlicht anhängig sind. Es kann aber auch gefragt werden, ob überhaupt noch debattiert werden muss. Seit Jahrzehnten prallen die Positionen aufeinander. Für mich ist nicht zu erkennen, wie zwischen denen, die Augustinus oder auch Joseph Ratzinger zu ihren Kirchenvätern erhoben haben, und denen, die sich nicht nur haben intellektuell verunsichern lassen von einer Vernunftkritik, die dem Menschen seine zumindest mögliche göttliche Obdachlosigkeit vor Augen geführt hat, die aber dennoch an der Würde der Freiheit rigoros festhalten, und die nicht davon ablassen wollen, dass das für sich in Anspruch genommene Selbstbestimmungsrecht immer auch das Recht der anderen ist, vermittelt werden kann.

Wie absurd manche dieser Debatten sind, macht der ‚Synodale Weg' aber auch noch auf einer ganz anderen Ebene wohl eher unfreiwillig deutlich. Über modernste digitale Medien lässt sich der Diskussionsgang praktisch überall in der Welt verfolgen, und zwar schlicht und einfach deshalb – um es mit einem der schärfsten Kritiker des Christentums im 19. Jahrhundert zu sagen –, weil es ein „Gestirn" in einem „abgelegenen Winkel des in zahllosen Sonnensystemen flimmernd ausgegossenen Weltalls" gibt, „auf dem kluge Thiere das Erkennen erfanden"[91]. Friedrich Nietzsche hat jedoch nicht nur die Technikgeschichte im Blick gehabt, als er die gesamte seit den Zeiten des Galilei sich abzeichnende Umstellung des kosmologischen Wissens und der mit dieser einhergehenden Irritation des über Jahrhunderte im Christentum praktizierten menschlichen Selbstverständnisses in diese wenigen Worte fasste. Dem möglicherweise hellsichtigsten Diagnostiker der Moderne war klar, dass der Gottglaube fortan nur noch krisengeschüttelt durch die Zeit gehen würde. Dass Nietzsche selbst diese Krise nicht als Krise, sondern als Befreiung des Menschen gefeiert hat, kann ich hier nicht weiterverfolgen. Übersehen werden sollte aber auch nicht, dass Nietzsche in einer Dogmatik groß geworden war, die nur abzuschütteln ist, weil andernfalls nicht nur der Intellekt an ihr erstickt. Tilmann Mosers Buch *Gottesvergiftung* dürfte eines der am meisten gelesenen Bücher der christlich Interessierten in den 70er und 80er Jahren des letzten Jahrhunderts gewesen sein. Auch religiöse Dogmatiken sind das, was Nietzsche ein „Bretterwerk der Begriffe"[92] nennt. Sie üben immer zumindest auch die Funktion aus, mit der auf den Menschen einstürzenden Kontingenzbedrohung umzugehen. In Anlehnung an Nietzsche: an die „sich klammernd der bedürftige Mensch sich durch das Leben rettet"[93]. Man kann krank an ihnen werden, ersticken – oder aber lebensfroh.

Nicht, dass auch eine christliche Dogmatik ein solches ‚Bretterwerk' darstellt, ist das Problem. Entscheidend ist, aus welchem Material es besteht. Warum soll man sich nicht daran klammern, solange der *freie Gott*, der sich in der Lebensgeschichte Jesu zugesagt hat als der *Ich bin der, der ich für Euch da sein werde,* als eine *Glaubensoption* noch bleibt, weil philosophisch nicht ausgeschlossen werden kann, dass ein solcher – zugegebenermaßen dann schon sehr leichtsinniger, möglicherweise aus Liebessehnsucht fast schon unverantwortlicher Gott – existieren kann? Dann aber ist aus der Perspektive des Glaubens zu fragen, wie sich der Glaube an diesen Gott ausbuchstabieren lässt, ohne das Prinzip *Freiheit soll sein* nicht doch wieder aufzuweichen. Denn dieser Satz wurde als das normative Kriterium formuliert, an dem die sich selbst bestimmende menschliche Freiheit ihr unbedingtes Maß finden soll. Wobei ich nochmals betone, um nicht die übliche Gegenrede zu provozieren, dass ein solches Verständnis von Freiheit nichts zu tun hat mit einer Freiheit, die sich ausschließlich auf sich selbst konzentriert ausagiert. Sie nimmt vielmehr Maß an den Freiheitsbedürfnissen der anderen, weil sie daran Maß nehmen will.

Eine theologische Dogmatik, die in der Instanz einer solchen Freiheit ihre ethische Norm findet, zimmert deshalb ihr eigenes „Bretterwerk der Begriffe". Sie wird sich deshalb immer den Vorwurf derer zuziehen, die meinen, unmittelbar auf einen Willen Gottes zurückgreifen zu können, sich Gott entsprechend der eigenen Wünsche zusammen zu basteln. Aber mein nüchternes Gegenargument lautet schlicht, dass dies alle an den Diskussionen um den wahren Gott Beteiligten tun. Auf dem ‚Synodalen Weg' prallen nun lediglich offen unterschiedliche Konzepte aufeinander, *welcher Gott* Gott für den Menschen sein soll und wirksam in der Kirche sein soll.

Freiheit und Sakramentalität

Im unmittelbaren Kontext, in dem Kant davon spricht, dass jeder Mensch „nie nur als Mittel" gebraucht werden dürfe, da er „Zweck an sich selbst" sei, findet sich eine weitere, den möglichen Gott betreffende, aufschlussreiche Stelle. Kant ist konsequent: „Diese Bedingung legen wir mit Recht sogar dem göttlichen Willen, in Ansehung der vernünftigen Welt, als seiner Geschöpfe bei (...)".[94] Wir sind es demnach, die dem möglichen Gott abverlangen, den Menschen ebenfalls als „Zweck an sich selbst" zu betrachten, so wie wir es auch uns abverlangen sollen. Kant redet über den möglichen, durch die moralische Vernunft einzig und allein zu akzeptierenden Gott. Gilt das Sittengesetz aber unbedingt, so darf kein Gott geglaubt werden, der den Menschen nicht auch als „Zweck an sich selbst" betrachtet. Ob Kant bereits ein Recht auf Freiheit so explizit ausformuliert, wie dies die bereits zitierten Rainer Forst und Axel Honneth machen, muss hier nicht entschieden werden. Systematisch folgt es aus der Selbstzwecklichkeitsformel. Dann aber darf es theologisch keinen Dispens geben. Entweder der Gott Israels und damit der Gott Jesu akzeptiert dieses Recht oder aber es entsteht ein ethischer Konflikt zwischen ihm und (wissend oder nicht) in den Spuren Kants denkenden Menschen.

Aber der Gott Jesu – ich begrenze mich anlassmäßig auf eine christliche Glaubenslogik – ist ein guter Kandidat, wenn es um den Glauben geht. Ein Gott, der sich auf eine offene Geschichte einlässt, hat auch eine sozialevolutive Entwicklung riskiert. Selbst der Begriff der Freiheit hat eine Geschichte; er zeigt den Index geschichtlicher Kontingenz. Es steht nicht einfach fest, was Freiheit ist, sondern auch dies muss und wird festgestellt werden. Deshalb bleibe ich dabei, dass das neuzeitliche Freiheitsdenken zwar nicht einfach identisch mit dem ist, was in biblischen Zeiten über Freiheit gedacht wurde. Wenn man aber allein gewichtet, wie stark unter den damaligen zeitgeschichtlichen Bedingungen, als Frauen noch primär unter Gesichtspunkten des Eigentumsrechtes verhandelt wurden, auf die Rechte von Frauen im Namen des Gerechtigkeit wollenden Gottes gepocht wurde, dann lassen sich hier sehr wohl Kontinuitäten beschreiben. Über die Passgenauigkeit des Gottes Jesu mit dem Gott, wie er unter den Bedingungen neuzeitlicher Moral- und Freiheitsphilosophie gefordert wird, mache ich mir keine Sorgen.

Bleibt die Frage, was dann Sakramentalität meint und warum die Kirche Sakramentalität neu denken soll. Meine Antwort – besser noch: mein Denkangebot, das sich möglicherweise in eine Glaubenshaltung übersetzen lässt – lautet: Nichts anderes kann doch Sakramentalität meinen, als dass es ein in der Geschichte Jesu endgültig offenbar gewordenes unbedingtes Ja Gottes zu einem jeden Menschen gibt. Diese sehr generalisierende Auskunft müsste noch einmal differenziert werden. Schließlich gibt es Unterschiede, gibt es Menschen, die Grauenhaftes durch andere Menschen erleiden mussten. Doch wenn jeder Mensch als „Zweck an sich selbst" betrachtet werden soll, dann darf zumindest die Hoffnung nicht aufgegeben werden, dass am Ende der Zeiten alle Menschen bei Gott sein werden. Sakramentalität aber meint dann, dass im Raum der Kirche Menschen diese Hoffnung symbolisch zugesprochen wird und immer wieder der vergegenwärtigt wird, der Grund dieser Hoffnung ist, Jesus, der von den Gläubigen als der Christus bekannt wird. Und diese Hoffnung heißt schlicht: Gottes Ja wird immer gelten. Selbstverständlich gilt sie auch dann, wenn Menschen nicht mit dieser Hoffnung in Berührung kommen oder sie nicht zu glauben vermögen. Oder wenn Menschen so abstoßende Erfahrungen mit der Kirche gemacht haben, dass sie lieber Distanz zu ihr halten. Wenn die Kirche in apostolischer Sukzession diese Hoffnung verlebendigen kann in ihrer Zeit, dann ist sie sakramental: Sakrament für die Welt.[95]

Epilog:
Freiheitsbewusstsein als
konfessionsdifferenzierendes Moment –
zur Zukunft der katholischen Kirche
in Deutschland

Der gesamte Prozess der konfessionellen Differenzierung, wie er seit Beginn des Christentums zu beobachten ist, lässt sich so rekonstruieren. Und auch ist derzeit zu erleben, wie die katholische Kirche in eine neue Phase eintritt und deshalb einen neuen Differenzierungsprozess durchläuft. Das differenzierende Moment liegt in der Frage, ob es ein Selbstbestimmungsrecht von Freiheit gibt oder nicht. Ausgetragen wird die nur halbierte Rezeption des neuzeitlichen Freiheitsdenkens auf dem Zweiten Vatikanischen Konzil, die in der gesamten nachkonziliaren Phase und bis heute der eigentliche Anlass teils heftiger Auseinandersetzungen ist. Dies gilt für die Ebene theologischer Diskussionen, seien sie rein akademischer Natur, und dies gilt für Diskussionen, wie sie auf einer kirchenpolitischen Ebene stattfinden. In den katholischen Milieus hingegen werden längst unterschiedliche Freiheitskonzepte praktiziert. Während die einen Milieus daran festhalten, dass es den Willen Gottes oder auch Christi in vom katholischen Lehramt in gültiger Weise vorgelegt und damit objektiv zugänglich gibt, sind andere nicht nur skeptischer, ob dies so gewiss ist, sondern nehmen ihre unbedingte Norm in dem Satz *Freiheit soll sein*. Und dieser Satz wird verbunden mit einer Lesart des Evangeliums von dem Gott, der selbst

Mensch geworden ist und der seinerseits will, dass der Mensch sich in seiner Freiheit entfalten darf, und möglichst glücklich wird, solange nicht die Rechte anderer verletzt werden.

Es ist nicht anzunehmen, dass die Synodalen, die sich das moderne Freiheitsdenken zu eigen gemacht haben, noch einmal hinter dieses zurückwollen. Und selbstverständlich wird dies auch in den Milieus nicht der Fall sein, in denen längst Menschen ihre Freiheit autonom praktizieren, und das ist auch auf globale Kontexte bezogen nicht zu erwarten. Alle diese Menschen werden ihren Glauben im Bewusstsein ihrer Freiheit leben, sodass er auch Konturen bekommt, die von der Würde einer Freiheit zeugen, die autonom sein darf und sich da einmischt, wo Unfreiheit und Ungerechtigkeit herrschen, und sie werden ihren Glauben als kirchlichen Glauben verstehen.

Ob die verfassten Ortskirchen oder gar die Universalkirche mitziehen, ist eine davon zu unterscheidende Frage. Vermutlich wird die Universalkirche pluraler werden, in den Ortskirchen sich noch stärker kulturelle Besonderheiten ausprägen, als dies jetzt bereits der Fall ist. Die Ungleichzeitigkeiten werden stärker werden. Für die Kirche in Deutschland und womöglich weit darüber hinaus gilt das, was Hermann Krings vor siebzig Jahren bereits unmissverständlich formuliert hat: „Die Kirche könnte in Zukunft ein Ferment des freieren und sinnvolleren Lebens sein und dadurch nicht nur ihrem eigenen Sinn und Auftrag in der Gesellschaft und Welt wieder besser genügen, sondern zugleich in der Gesellschaft ein Angebot sein, dessen diese dringend bedarf und das vielleicht allein von einer Kirche der Freiheit gemacht werden kann."[96] *If only.*

Anmerkungen

[1] Hermann Krings antwortet Eberhard Simons. Freiheit als Chance. Kirche und Theologie unter dem Anspruch der Neuzeit, Düsseldorf 1972, 28. Der dem Vorwort als Motto vorangestellt Satz findet sich ebd., 74.

[2] Ebd., 31.

[3] Karl-Heinz Menke, Macht die Wahrheit frei oder die Freiheit wahr? Eine Streitschrift, Regensburg 2017; Magnus Striet, Ernstfall Freiheit. Arbeiten an der Schleifung der Bastionen, Freiburg 2018.

[4] Damit keine Irritationen entstehen, sei noch ein kleiner Hinweis gegeben: Im Text wird nicht durchgehend eine gendergerechte Sprache benutzt. Damit wollte ich denen entgegenkommen, die die Gendertheorie für eine Ideologie halten. Auch wenn ich mir nicht sicher bin, ob das Insistieren auf einer binären Geschlechterordnung („als Mann und Frau schuf er sie") nicht eine spezifische, in diesem Fall katholische Weise des ‚Genderns' darstellt, komme ich denen, die in der Gendertheorie ein Indiz für eine Moderne sehen, die von Gott abgefallen ist, sprachlich entgegen und gendere, solange ich diese referiere, nicht. Dies mag uneinheitlich wirken, und das ist es es auch. Aber die gesellschaftliche Moderne ist ebenfalls ein uneinheitliches Gebilde – genauso wie die katholische Kirche.

[5] Thomas Großbölting, Die schuldigen Hirten. Geschichte des sexuellen Missbrauchs in der katholischen Kirche, Freiburg 2022.

[6] Gerhard Kardinal Müller, Von der Hybris der deutschen Theologie (28.4.2022), in: https://www.die-tagespost.de/kirche/aktuell/von-der-hybris-der-deutschen-theologie-art-228091. Zuletzt aufgerufen am 17.7.2022. Vgl. auch Andreas Kablitz, Eine Antwort auf Kardinal Gerhard Ludwig Müller: Von Peripherie und Zentrum, in: Herder Korrespondenz 76 (2022) 50 f.

[7] Walter Kasper, Synodalität und Erneuerung der Kirche (21.6.2022), in: https://neueranfang.online/synodalitaet-und-erneuerung-der-kirche. Zuletzt aufgerufen am 2.7.2022.

[8] Karl-Heinz Menke, Ist die Einheit noch zu retten? (28.6.2022), in: https://epaper.vatican-magazin.de/de/profiles/c97a05fdcb93-vatican-magazin/editions/6–2022/preview_pages/page/4. Zuletzt aufgerufen am 17.7.2022. Auch erreichbar über: https://neueranfang.online/ist-die-einheit-noch-zu-retten. Ebenfalls zuletzt aufgerufen am 17.7.2022.

[9] Jean-Paul Sartre, Das Sein und Nichts. Versuch einer phänomenologischen Ontologie. Deutsch von Hans Schöneberg und Traugott König (= Gesammelte Werke; Philosophische Schriften I), Reinbek bei Hamburg 1994, 950.

[10] Karl-Heinz Menke, Das libertarische Verständnis von Glauben und Offenbarung. Saskia Wendels Plädoyer für ein undogmatisches Christentum, in: Forum Katholische Theologie 38 (2022) 116–134, 121.

[11] Ebd.

[12] Vgl. weiter unten 105–111.

[13] Vgl. Eberhard Schockenhoff, Die „Theologie des Leibes" – Ausweg aus den Sackgassen der lehramtlichen Sexualmoral?, in: Stephan Goertz/Magnus Striet (Hg.), Johannes Paul II. Vermächtnis und Hypothek eines Pontifikats (= Katholizismus im Umbruch; 12), Freiburg 2020, 114–143.

[14] Erklärung des Heiligen Stuhls (21.7.2022), in: https://press.vatican.va/content/salastampa/it/bollettino/pubblico/2022/07/21/0550/01133.html#de. Zuletzt aufgerufen am 15.7.2022.

[15] Daniel Kehlmann, Im Reich der Kröten (3.4.2022), in: https://www.faz.net/aktuell/feuilleton/buecher/autoren/daniel-kehlmann-ueber-die-herausforderung-des-glaubens-und-elisabeth-langgaesser-17927656.html. Zuletzt aufgerufen am 15.7.2022.

16   Stephan Goertz, Die katholische Kirche und das Moralprinzip der freien Selbstbestimmung, in: ders./Magnus Striet (Hg.), Nach dem Gesetz Gottes. Autonomie als christliches Prinzip (= Katholizismus im Umbruch; 2), Freiburg 2014, 151–197, 170–176.

17   Vgl. exemplarisch Ernst Tugendhat, Anthropologie und Metaphysik, München 2007, 66–70.

18   Vgl. Hermann Krings, Handbuchartikel Freiheit, in: ders., System und Freiheit, Gesammelte Aufsätze, Freiburg/München 1980, 99–130, 114–117.

19   Da hilft auch nicht der Hinweis auf die Begegnung mit Jürgen Habermas in der Münchener Akademie im Jahr 2004. Aufschlussreicherweise zählt Habermas in *Auch eine Geschichte der Philosophie. Die okzidentale Konstellation von Glauben und Wissen* (Berlin 2019, 538) Benedikt XVI. auch nur als einen Vertreter derer auf, die unter dem Stichwort ‚Hellenisierung‘ „eine geglückte Synthese von Vernunft und Glauben, Weltweisheit und Erlösungshoffnung" verstehen. Das damalige Gespräch findet keine Erwähnung.

20   Ratzingers Tauftheologie ist nur verständlich vor dem Hintergrund seiner scharfen Neuzeitkritik. Neuzeit ist für ihn Hybris, Abfall von Gott. Und das Reizwort schlechthin ist für ihn Autonomie. Durch die Taufe wird dieser Abfall beendet (ders., Wesen und Auftrag der Theologie. Versuche zu ihrer Ortsbestimmung im Disput der Gegenwart, Freiburg 1993, 44): „Das Ich (des Getauften, M. S.) hört auf, autonomes zu sein, in sich selbst stehendes Subjekt zu sein. Es wird sich selbst entrissen und in ein neues Subjekt (das der Kirche, M. S.) eingefügt." Dass man diesen Autonomiebegriff nur als Karikatur bezeichnen kann, kann ich nicht verschweigen.

21   Vgl. auch die Fußnote 60.

22   Joseph Ratzinger, Was ist Freiheit des Glaubens? Silvesterpredigt 1979, in: ders., Gesammelte Schriften. Glaube und Tradition. Zu theologischen Prinzipienlehre. Hg. von Gerhard Ludwig Mül-

ler in Verbindung mit dem Institut Papst Benedikt XVI., Freiburg 2016, 324–339. Seitenangaben im Text beziehen sich auf diesen Abdruck.

[23]   Vgl. aber Eberhard Schockenhoff, Die Bergpredigt. Aufruf zum Christsein, Freiburg 2014.

[24]   Magnus Striet, Sensus fidei und Populismus. Eine Problemanzeige, in: Ursula Nothelle-Wildfeuer/Magnus Striet (Hg.), Katholischer Rechtspopulismus. Die Kirche zwischen Antiliberalismus und der Verteidigung der Demokratie (= Katholizismus im Umbruch; 15), Freiburg 2022 (im Erscheinen).

[25]   Rainer Forst, Normativität und Macht. Zur Analyse sozialer Rechtfertigungsordnungen, Berlin ^{2}2018 (2015), 129.

[26]   Auf nichts anderes läuft es hinaus, wenn Augustinus in den Confessiones von „jenem ersten Menschen, Adam," spricht, der „als erstes gesündigt" habe", „in dem wir alle gestorben (...) und aus dem wir alle im Elend geboren" seien. Augustinus, Confessiones/Bekenntnisse. Lateinisch/Deutsch. Übersetzt, hg. und kommentiert von Kurt Flasch und Burkhard Mojsisch. Mit einer Einleitung von Kurt Flasch, Stuttgart 2012, 505. Vgl. auch ebd., 349: „Wer Einsicht gewinnt, soll sich nicht rühmen, als habe er nicht alles empfangen, das Eingesehene wie das Einsehen."

[27]   Vgl. unter anderem: In der Gottesschleife. Von religiöser Sehnsucht in der Moderne, Freiburg ^{2}2014.

[28]   Ist die Einheit noch zu retten?, in: https://epaper.vaticanmagazin.de/de/profiles/c97a05fdcb93-vatican-magazin/editions/6-2022/preview_pages/page/4. Zuletzt aufgerufen am 4. 7. 2022.

[29]   Vgl. Georg Bier, Mangelnde Sensibilität. Das neue kirchliche Strafrecht, in: Herder Korrespondenz 76 (2022) 39–42.

[30]   Vgl. Axel Honneth, Das Recht der Freiheit. Grundriß einer demokratischen Sittlichkeit, Berlin 2011, 40. Honneth sieht sehr genau die Zusammenhänge: Die „Verzahnung von Gerechtigkeit und individueller Freiheit ist freilich mehr als nur ein historisches Faktum. Zwar kommt in der Verschmelzung der beiden Konzepte

das Resultat eines weit zurückreichenden Lernprozesses zum Tragen, in dessen Verlauf das klassische Naturrecht zunächst aus seinem theologischen Rahmen befreit werden mußte, um das individuelle Subjekt in die Rolle eines gleichberechtigten Autors aller gesellschaftlichen Gesetz und Normen einsetzen zu können (…)". Was Honneth für den gesellschaftlichen Bereich als Prozess beschreibt, der eine liberale Gesellschaft hat möglich werden lassen, lässt sich derzeit für die Kirche beschreiben.

[31] Karl-Heinz Menke, Das libertarische Verständnis von Glauben und Offenbarung, 121.

[32] Vgl. Daniel Kehlmann, Im Reich der Kröten.

[33] Karl-Heinz Menke, Das libertarische Verständnis von Glauben und Offenbarung, 130.

[34] Ohne dies gebührend ausführen zu können, ärgert mich der Satz noch aus einem anderen Grund. Sollte diese Welt doch nur „aus Versehen" (Hans Blumenberg) existieren, dann würden immer noch unzählige Menschen sagen, dass es Handlungen gebe, die immer und über falsch sind. Und die gibt es. Allerdings mischt sich dann eine abgründige Melancholie in das Leben ein, weil angesichts des Grauenhaften, was sich Menschen angetan haben und nicht enden wollend tun, gesagt werden muss, dass das Unrecht bis in alle Ewigkeit hinein Unrecht bleiben wird.

[35] Ebd., 130.

[36] Ebd., 131.

[37] Ebd., 133f.

[38] Siehe Ludger Honnefelder, Woher kommen wir? Ursprünge modernen Denkens im Mittelalter, Berlin 2008, 182–185.310–312; Herrmann Krings, Woher kommt die Moderne? Zur Vorgeschichte der neuzeitlichen Freiheitsidee bei Wilhelm von Ockham, in: Zeitschrift für Philosophische Forschung 41 (1983) 3–18.

[39] Klaus Bannach, Die Lehre von der doppelten Macht Gottes bei Wilhelm von Ockham. Problemgeschichtliche Voraussetzun-

gen und Bedeutung (= Veröffentlichungen des Instituts für europäische Geschichte Mainz; 75), Wiesbaden 1975, 253.

[40] Im Übrigen beansprucht jede Wissensordnung konsistent und insofern auch wahr zu sein. Damit eine Wissensordnung jedoch überhaupt eine Wissensordnung *für mich* sein kann, muss ich sie in mir erzeugen. Registriere ich diesen Vorgang in einer reflexiven Weise (umgangssprachlich gesagt: ,mache ich mir dies klar'), so wird nicht nur bewusst, *dass ich* diese Wissensordnung *in mir* hervorgebracht habe, sondern dass ich auch noch einmal in einer Distanz zu dieser existiere. Nur deshalb ist eine kritische Überprüfung möglich, ob diese Wissensordnung auch in Zukunft für mich wahr sein und deshalb gelten soll. Auch eine theologische Dogmatik ist nichts anderes als eine solche Wissensordnung.

[41] Rainer Forst, Normativität und Macht, 46 f. Folgende Zitate von Forst ebd.

[42] Georg Büchner, Dantons Tod, in: ders., Sämtliche Werke und Briefe. Hg. von Ariane Martin, Stuttgart 2012, 61–152, 107.

[43] Immanuel Kant, Kritik der praktischen Vernunft, in: ders., Sämtliche Werke, Bd. XI, hg. von Wilhelm Weischedel, Frankfurt 1991, A 156.

[44] Vgl. Aufklärung im Mittelalter? Die Verurteilung von 1277. Das Dokument des Bischofs von Paris übersetzt und erklärt von Kurt Flasch (= excerpta classica; 6), Mainz 1989, 276.

[45] Vgl. die – überaus lesenswerte, bis heute in ihrem Gedankengut in der Kirche präsente – Enzyklika *Aeterni Patris* über die Erneuerung der Wissenschaften auf der Grundlage der philosophischen Prinzipien des heiligen Thomas von Aquin (4. 8. 1879).

[46] Helmut Hoping/Jan-Heiner Tück, Antwort auf den Glaubensschwund, in: Frankfurter Allgemeine Zeitung vom 6. 7. 2022, Seite N 4. Der Artikel ist auch erreichbar über: https://www.theol.uni-freiburg.de/disciplinae/dl/aktuelles/f2207061.n04.pdf. Zuletzt aufgerufen am 29. 7. 2022.

[47] Ebd.

48 Ebd.

49 Ebd.

50 Ebd.

51 Vgl. Fußnote 17.

52 Vgl. Schockenhoff, Die Bergpredigt, 90–93. Vgl. hierzu auch meine Überlegungen in Walter Homolka/Magnus Striet, Christologie auf dem Prüfstand. Jesus der Jude – Christus der Erlöser, Freiburg 2019, 72–140.

53 Vgl. dazu gegenwartsbezogen Thomas Bauer, Die Vereindeutigung der Welt. Über den Verlust an Mehrdeutigkeit und Vielfalt, Stuttgart 2018.

54 Vgl. Hans-Joachim Sander, Autorität durch Argumente. Das Lehramt gewinnt durch wissenschaftliche Erkenntnisse an Autorität, in: Herder Korrespondenz 76 (2022) 48 f., 48: „Bischöflichem Lehren geht kein Hokuspokus von Erhellungserfahrungen voraus, die für andere nicht erschließbar sind – und das ist auch gut so. Keine Lehre fällt vom Himmel, wie weihevoll man sich das auch vorstellen möchte."

55 Helmut Hoping, Von der Cathedra zum Katheder. Der Synodale Weg verändert die Architektonik der theologischen Erkenntnislehre, in: Herder Korrespondenz 76 (2022) 48 f., 49.

56 Ebd.

57 Ebd., 48.

58 Martin Rhonheimer, Synodale Illusionen. Doppeltes Lehramt von Bischöfen und Theologen? In: Herder Korrespondenz 76 (2022) 48–51, 50. Folgende Seitenangaben im Fließtext beziehen sich auf diesen Aufsatz.

59 Wolfgang Beinert, Wer hat das Sagen in der Kirche? Eine Replik auf Martin Rhonheimer, in: Herder Korrespondenz 76 (2022) 45 f. Folgendes Zitat 46.

60 Michael J. Barberi/Joseph A. Selling, The Origin of Humanae vitae und the Impasse in Fundamental Theological Ethics, in: Louvain Studies 37 (2013) 364–389.

[61] Vgl. Arnold Angenendt, Ehe, Liebe und Sexualität im Christentum. Von den Anfängen bis heute, Münster 2015, bes. 89.

[62] Thomas von Aquin, Summa theol. I, q. 92, Art. 1 (= Deutsche Thomas-Ausgabe. Bd. 7), München/Heidelberg 1941, 35–42. Unabhängig von der Sünde sei „das Weib dem Manne von Natur aus unterworfen", denn im Manne überwiege „von Natur aus die Unterscheidungskraft des Verstandes". Auch schließe „der Unschuldsstand eine Ungleichheit der Menschen nicht aus" (39).

[63] Vgl. Joseph Ratzinger, Demokratisierung der Kirche? (1970), in: ders., Künder des Wortes und Diener eurer Freude, 159–186, 175: „Die Idee der gemischten Synode als einer ständigen obersten Kirchenbehörde der nationalen Kirchen ist von der Überlieferung der Kirche wie von ihrer sakramentalen Struktur und von ihrem spezifischen Ziel her eine chimärische Idee. Einer solchen Synode würde jede Legitimität fehlen und ihr müsste daher der Gehorsam entschieden verweigert werden. Sie beruht sachlich auf einer schlechterdings unzulässigen Trennung von Weihe- und Hirtengewalt ..." Dazu interessanterweise Karl Rahner (Freiheit und Manipulation in Gesellschaft und Kirche, München 1970, 54) mit folgenden Zeilen: „Erst wenn wir einmal eine nationale Synode haben, die (...) verbindliche Entscheidungen trifft, die für einen Bischof überraschend sein können, (...) wenn mit anderen Worten die notwendige Neubestimmung des Verhältnisses zwischen Freiheit und Manipulation (...) auch institutionell (...) zur Kirche gehört, wird das Verhältnis zwischen Manipulation und Freiheit in der Kirche sowohl unaufgeregt als gleichzeitig auch in einer dauernden Bewegung sein, die die Erstarrung des Traditionellen immer wieder auflöst." Nach fünfzig Jahren werden immer noch die Fragen von damals gestellt, nur dass jedenfalls in Deutschland die Vorzeichen anders gesetzt zu sein scheinen.

[64] Walter Kasper, Vollmacht, Macht und Hierarchie in der katholischen Kirche (10. 11. 2021), in: https://neueranfang.online/

kardinal-kasper-vollmacht-macht-und-hierarchie-in-der-
katholischen-kirche/. Zuletzt aufgerufen am 27.7.2022.

[65]   Rainer Forst, Die noumenale Republik. Kritischer Konstruktivismus nach Kant, Berlin 2021, 178.

[66]   Ebd., 301.

[67]   Diesen meines Erachtens bis heute gültigen Befund habe ich
vor bereits geraumer Zeit in einem *Nachwort* zu Walter Kaspers
*Das Absolute in der Geschichte. Philosophie und Theologie der
Geschichte in Schellings Spätphilosophie* (1965) anlässlich der
Neuherausgabe dieses Buches in den *Gesammelten Schriften* (Frei-
burg 2010) entfaltet. Leider hat Kasper sich nie dazu verhalten.
Mir ist auch nicht klar, ob er den vernunftkritischen Befund
Schellings bezogen auf die Beweisbarkeit Gottes teilt und wie dann
seine theologische Erkenntnislehre funktioniert.

[68]   Vgl. Immanuel Kant, Beantwortung der Frage: Was ist Aufklärung, in: ders., Werkausgabe XI., hg. von Wilhelm Weischedel,
Frankfurt 1991, 53–61.

[69]   Walter Kasper, Synodalität und Erneuerung.

[70]   Vgl. Thomas Hieke, Does the Old Testament Recognize and
Condemn Homosexuality?, in: Stephan Goertz (ed.), Who Am I to
Judge? Homosexuality and the Catholic Church, Berlin 2021, 941;
dagegen Ludger Schwienhorst-Schönberger, Ehe und Freundschaft
unter dem Segen Gottes. Schriftauslegung im Lichte der Schöp-
fungstheologie, in: Jan-Heiner Tück/Magnus Striet, Jesus Christus – Alpha und Omega. Festschrift für Helmut Hoping zum
65. Geburtstag, Freiburg 2021, 442–471, bes. 445–450. Es ist
frappierend, wie zwei Wissenschaftler zu völlig unterschiedlichen
historischen Auslegungen biblischer Aussagen zum Thema Homosexualität kommen. Vermutlich wird der weitere wissenschaftliche
Diskurs um den Aussagegehalt der zweifelsohne vorhandenen Verurteilungen homosexueller Praktiken weitergehen. Ob es zu einer
definitiven Klärung des historischen Befundes kommt, bleibt ab-
zuwarten. Als Nicht-Exeget will ich mich auf diese Diskussionen

auch gar nicht einlassen. Aber wie geht das Lehramt mit diesem Befund um, wenn es die wissenschaftlichen Differenzen zur Kenntnis nehmen sollte? Weiß es dann deshalb intuitiv und sicher, weil es das Lehramt ist, welche Auslegung normativ wirksam werden soll? Und was würde es bedeuteten, wenn sich das Lehramt auch künftig dazu entscheiden sollte, bei seiner im derzeitigen Katechismus festgelegten Position zu bleiben, selbst wenn die exegetische Forschung sich mehrheitlich oder gar mit großer Mehrheit darauf verständigen sollte, dass es in biblischen Zeiten überhaupt nicht um ein modernes Konzept von Homosexualität ging? Steht dann die Tradition höher als die Bibel?

71 Stephan Mückl, Wie verbindlich sind die „verbindlichen Beschlüsse" des Synodalen Weges (10. 11. 2021), in: https://neuer anfang.online/vortrag-synodaler-weg-ist-kirchenrechtlich-unver bindlich/. Zuletzt aufgerufen am 30. 7. 2022.

72 Vgl. Norbert Lüdecke/Georg Bier, Das römisch-katholische Kirchenrecht. Eine Einführung. Unter Mitarbeit von Bernhard Sven Anuth, Stuttgart 2012, 123: „Ob und wann der Papst seinen Vorrang geltend macht, liegt allein in seinem Ermessen." Auch hier gilt: „Er hat seine Gewalt im Dienst an der Kirche und den Gläubigen auszuüben. Bringt er seinen Vorrang zur Geltung, so ist davon auszugehen, er werde diesem Anspruch gerecht. Nur Gott kann dies überprüfen."

73 Ebd.

74 Jan-Heiner Tück, Synodalität geht anders. Der Papst weist die deutschen Bischöfe zurecht (27. 7. 2022), in: http: https://www.nzz.ch/feuilleton/synodalitaet-geht-anders-der-papst-weist-deutsche-kirche-zurecht-ld.1695211. Zuletzt aufgerufen am 30. 7. 2022.

75 Ebd.

76 Joseph Ratzinger, Das Priestertum des Mannes – ein Verstoß gegen die Rechte der Frau?, in: ders., Künder des Wortes und Diener Eurer Freude (= JRGS 12), Freiburg 201,129–159, 149 f. Nur

anmerkend sei vermerkt, dass es schon irritierend ist, dass die nicht ohne normative Verbindlichkeit gemeint gewesen sein könnenden Klarstellungen eines Präfekten der Glaubenskongregation in der Gesamtausgabe eines ‚Autors' auftauchen, die auch in der Optik einer lehramtlich gefütterten katholischen Glaubenslogik in der theologischen community nicht unumstritten sind. Andererseits könnte man auch notieren, dass es eine durchaus erklärungsbedürftige inhaltliche Kontinuität zwischen dem Professor an staatlichen Universitäten wie Bonn, Münster und Regensburg und dem Präfekten der Glaubenskongregation gibt. Oder ich werde nur in meiner Grundannahme bestätigt, dass eine solche Kontinuität nichts Überraschendes ist.

[77] Karl-Heinz Menke, Die Frage nach der Verbindlichkeit von „Ordinatio sacerdotalis" (27.7.2022), in: https://www.die-tagespost.de/sonder-texte/beilage/die-frage-nach-der-verbindlichkeit-von-ordinatio-sacerdotalis-art-230714. Zuletzt aufgerufen am 31.7.2022. Folgende Zitate von Menke ebd.

[78] Karl-Heinz Menke, Die Frage nach der Verbindlichkeit von „Ordinatio sacerdotalis".

[79] Carl Schmitt, Politische Theologie. Vier Kapitel zur Lehre von der Souveränität, Berlin [8]2004 (1922).

[80] Vgl. dazu Thomas Pröpper, „Daß nichts uns scheiden kann von Gottes Liebe …" Ein Beitrag zum Verständnis der „Endgültigkeit" der Erlösung, in: ders., Evangelium und freie Vernunft. Konturen einer theologischen Hermeneutik, Freiburg 2001, 40–56.

[81] Karl-Heinz Menke, Die Frage nach der Verbindlichkeit von „Ordinatio sacerdotalis", 2.

[82] Joseph Ratzinger, Die neuen Heiden und die Kirche, in: Hochland 51 (1958) 1–11.

[83] Hochland 50 (1956/57) 14–19.

[84] Ebd., 14.

[85] Ebd., 17.

[86] Vgl. Augustinus, Confessiones, 225.457.351.

[87] Vgl. Magnus Striet, Priester (m/w/d) gesucht. Ein anderes Verständnis des Weiheamtes ist möglich, Ostfildern 2022 (im Erscheinen).

[88] Dem Anlass dieser Überlegungen entsprechend, verzichte ich darauf, nicht-theistische Konzepte eines Göttlichen in den Blick zu nehmen.

[89] Papst Franziskus im Gespräch mit den europäischen Kulturzeitschriften der Jesuiten (19.5.2022), in: https://www.herder.de/stz/online/papst-franziskus-im-gespraech-mit-den-europaeischen-kulturzeitschriften-der-jesuiten/. Zuletzt aufgerufen am 30.7. 2022. Ebenso irritierend ist es, wenn Franziskus meint, es sein „(p)roblematisch, wenn der Synodale Weg von den intellektuellen, theologischen Eliten" ausgehe und „sehr stark von äußeren Zwängen beeinflusst" werde. Mir erschließt sich schlicht nicht, worin die ‚äußeren Zwänge' bestehen sollen. Und der Befürchtung, dass einige ‚Eliten' ihre Vorstellungen durchdrücken wollen, das ‚Volk' aber etwas ganz anderes wolle, könnte man schnell Substanz geben: Es wäre kein Problem, eine Umfrage unter den Katholik:innen zu machen. Und dann könnte man auch noch die Gründe für die Kirchenaustritte evaluieren.

[90] Vgl. Thomas Pröpper, Autonomie und Solidarität. Begründungsprobleme sozialethischer Verpflichtung, in: ders., Evangelium und freie Vernunft, 57–71, 60.

[91] Friedrich Nietzsche, Über Wahrheit und Lüge im aussermoralischen Sinne, in: ders., Kritische Studienausgabe (= KSA; 1), München ²1988, 873–897, 875.

[92] Ebd., 888.

[93] Ebd.

[94] Immanuel Kant, Kritik der praktischen Vernunft A156.

[95] Eine Entfaltung der Bedeutung dieser sakramentalen Wirklichkeit von Kirche, die in Christus selbst gründet, in die Einzelsakramente findet sich in Striet, Priester (m/w/d) gesucht.

[96] Hermann Krings antwortet Eberhard Simons, 73.